Dr. Fritz Weiss

Die Apologie des Apulejus von Madaura

Dr. Fritz Weiss

Die Apologie des Apulejus von Madaura

ISBN/EAN: 9783742890474

Hergestellt in Europa, USA, Kanada, Australien, Japan

Cover: Foto ©ninafisch / pixelio.de

Manufactured and distributed by brebook publishing software (www.brebook.com)

Dr. Fritz Weiss

Die Apologie des Apulejus von Madaura

DIE
APOLOGIE
DES
APULEJUS VON MADAURA.

Zum ersten Male übersetzt

von

Dr. Fritz Weiss.

Leipzig.
Verlag von O. R. Reisland.
1894.

Frau Angeline Weiss

geb. Wehner

in aufrichtiger Verehrung

Die Herausgeber.

Vorwort.

Unter den von Dr. Fritz Weiss nachgelassenen philologischen Manuscripten befinden sich mehrere, die einen entschiedenen Werth besitzen und veröffentlicht zu werden verdienen. Es gehört dahin vor allem der umfängliche „Index Gellianus", eine Arbeit, die mit seiner Uebersetzung des Aulus Gellius im Zusammenhange steht und die ihn viele Jahre seines Lebens in Anspruch genommen hat. Die Arbeit, der die grosse Ausgabe des Gellius von M. Hertz zu Grunde liegt, enthält alles auf Lexikographie, Grammatik und Alterthumskunde Bezügliche und bildet nicht nur für den Gelliusforscher speciell, sondern für den Philologen überhaupt ein nicht zu unterschätzendes Nachschlagewerk. M. Hertz, der in dem Index ein Denkmal staunenerregenden Fleisses und seltener Gewissenhaftigkeit sah, wünschte die Veröffentlichung, Fritz Weiss konnte aber keinen Verleger finden, der die Herstellungskosten auf sich genommen hätte. Vielleicht helfen diese Zeilen dazu, dass die Arbeit doch noch den Weg in die Oeffentlichkeit findet.

Nächst Gellius beschäftigte sich Fritz Weiss eingehend mit dem Spätlateiner Apulejus von Madaura und übersetzte dessen goldenen Esel und die Apologie, zwei Werke, die von hohem kulturgeschichtlichen Interesse sind und dem Alterthumsforscher viele wichtige Einzelheiten darbieten. Wir publiciren zunächst die Apologie des Verfassers, da gerade sie besonders ihm ans Herz gewachsen war und er sie auf dem Krankenbette noch seiner Gattin in die Feder dictirt hat. Dieser Umstand mag auch die Widmung rechtfertigen. Der Uebersetzung liegt der Text von G. Krüger, Berlin 1864, zu Grunde, der Kenner wird bald merken, wie dieselbe der des Gellius hinsichtlich der Treue in der Wiedergabe des Originals ebenbürtig an die Seite tritt. Die schwierigsten Stellen erhalten oft einen sprach- und sachrichtigen Ausdruck, der überraschend wirkt. Um die Uebersetzungsweise des Verfassers in ihrer Eigenart nicht zu verwischen, selbst da nicht, wo sie ein wenig periphrasirt, haben wir an dem Manuscripte nur ganz geringfügige Aenderungen vorgenommen, sei es, dass wir uns da, wo ein Wort oder ein kleiner Theil der Rede doppelt übersetzt war, für die eine oder andere Uebersetzung zu entscheiden hatten, sei es, dass wir da, wo Fragezeichen standen, die Stelle nochmals mit dem Urtexte verglichen und ihm entsprechend Berichtigungen vornahmen.

Es verdient gewiss Anerkennung, dass der Königl. Sächsische Hofopernsänger Fritz Weiss, den theils Mittellosigkeit, theils vorzügliche stimmliche Begabung von der Universität zur Bühne führten, seiner ursprünglichen Neigung zum philologischen Studium, dem er neben der Jurisprudenz mehrere Semester oblag, durch sein ganzes Leben treu geblieben ist. Er liess keine Stunde ungenützt vorübergehen. Während der Proben auf dem Theater sah man ihn fast regelmässig, wenn er nicht in Anspruch genommen war, hinter den Coulissen mit der Lectüre eines lateinischen oder griechischen Schriftstellers beschäftigt. Auch sonst widmete er seine Musse dem Studium der antiken Litteratur. Das brachte ihn auch mit vielen bedeutenden Gelehrten, wie L. Klee, Alfr. Fleckeisen, M. Hertz, P. Möbius, H. Rönsch, Sophus Ruge in innige Verbindung, sie wurden seine intimen Freunde und tauschten in regem Briefwechsel mit ihm ihre Ansichten und Gedanken aus. Aber auch als Jünger Thalias hat Fritz Weiss namentlich in jüngeren Jahren sich einen Namen geschaffen. Sein tiefes Kunstverständniss, vor allem sein Sichversenken in die Tonwerke Richard Wagners und anderer Meister der deutschen Schule, bewirkten, dass er nicht nur mit berühmten Sängern und Schauspielern, wie Josef Tichatscheck, Anton Mitterwurzer, Ludw. Schnorr v. Carolsfeld, Eugen Degele, Paul Bulss, Wilh. Eichberger,

Gust. Räder, Anton Erl, Hans Köhler, Heinr. Gudehus, Lorenzo Riese, Paul Jensen, Heinr. de Marchion, Bogumil Dawison, Ad. Sonnenthal, C. Porth, Friedr. Dettmer, Christel Richelsen, Emil Bauer, sondern auch mit grossen Tonkünstlern, Componisten und Claviervirtuosen, wie Franz Lizst, Hans v. Bülow, Felix Draeseke, Hans Bronsart v. Schellendorf, Ad. Jensen, Joh. Lauterbach, Moritz Fürstenau, Reinhold Becker, Alfred Heitsch, Rudolf Wehner, Carl Riedel, Herm. Langer, Carl Riccius lebhaft verkehrte und mit vielen von ihnen in aufrichtiger Freundschaft lebte. Auch mit verschiedenen Schriftstellern, wie Arnold Niggli, George und Paul Davidsohn, Ferd. Gleich, Ludw. Hartmann war er innig befreundet. Seine extemporirten lateinischen Reden in der Rolle des Studenten Alsdorf in: Das bemooste Haupt von J. Roderich Benedix auf der Dresdner Hofbühne sind heute noch in lebendiger Erinnerung und zogen viele studirte Leute in das Theater. Er schlug eine lateinische Klinge, die Philologen von Fach oft in Verwunderung setzte; so bemerkte einer bei Gelegenheit des Anhörens einer sogenannten lateinischen Bierrede, dass er seit der Zeit des grossen Hermann nie wieder ein so vortreffliches Latein gehört habe. Seiner vorzüglichen musikalischen Durchbildung war es auch zu danken, dass er bei plötzlichen Erkrankungen oder Absagen der Sänger oft ohne vorhergegangene Probe in die betreffenden Rollen einsprang und dadurch die Regie vor einer Abänderung des Theaterzettels für den betreffenden Abend bewahrte.

Als Mensch war Fritz Weiss ein Charakter, dem alle, die ihn kannten, aufrichtige Verehrung zollten. Bei ihm paarte sich scharfe Verstandes- mit edler Herzensbildung zu schöner Harmonie. Durch seinen trefflichen Humor und feinen Witz, durch sein lebhaftes Temperament und seinen heiteren Sinn verschaffte er sich viele Freunde und liebe Bekannte. Frei von jedem Stolz und Hochmuth, war er stets zur Hülfe bereit, namentlich wenn es sich um hungernde Künstler und arme Menschen handelte. In solchen Fällen gab er oft mehr, als er verantworten konnte.

Die wichtigsten Schicksale seines Lebens hat Fritz Weiss selbst in einem eingehenden curriculum vitae folgendermaassen geschildert:

Ego, Georgius Fridericus Weiss, die V. m. februarii anni MDCCCXXII Ehrenfriedersdorfii natus sum. Ibi in ludo publico literarum rudimentis imbutus jam prima aetate ad δίδακτρον quaerendum coactus pueris hujus oppiduli vicatim canentibus interfui. Cantus et artis musicae fundamentis institutus anno MDCCCXXXVI in scholam Thomanam, quae Lipsiae floret, receptus sum.

Quos hoc in literarum humanitatisque seminario habui praeceptores Stallbaumium, Jahnium „annalium philologicorum" conditorem, Lipsium, Kochium, Ditterichium, virum justissinum, mitissimum, humanissimum, Weinligium, Mauritium Hauptmann, nunc fatis functos, summa animi gratissimi, pietate colo, neque ullum tempus piam illorum virorum gratamque memoriam in pectore meo obliterabit.

Prae ceteris autem animus me ad Weinligii tunc rerum musicarum Directoris memoriam fert, cujus ex institutione, consiliis, benevolentia si non summa in me commoda redundaverint, id non nisi mea unius culpa acciderit.

Interfui discipulis alumnis, qui Altenburgum vocati sunt, ut solemnia sponsalia inter Mariam, filiam Ducis Altenburgensis et Georgium, Principem Serenissimum filium Regis Hannoveranorum celebrarent cantibus.

Institutione scholastica paene absoluta munus praecentoris primi nactus eam administrabam provinciam, ut scholae alumnos docerem hymnos et modulationes, quibus canendis sacra publica rite concelebrari solent.

Hac in schola Thomana multis magnisque cumulatus sum beneficiorum documentis, quibus, quum ad altiora literarum studia capessenda academiam Lipsiensem aggressus ejusque civibus adscriptus essem, jam carendum erat.

Quamvis me philologiae dare animus esset, nihilominus parentis voluntate, haud neglectis linguis antiquis, juris scientiae signa secutus sum.

Calamitatibus autem inopiae mox acriter me urgentibus ad artem scenicam thymelicamque colendam me dare atque

Chemnitzii et Halae ad Salam partes μονῳδοῖ, qui Graecis dicitur, suscipere coactus sum. Liberalium tamen disciplinarum amore flagrantissimo sum commotus, ut intermisso studiorum itinere post aliquot temporis intervalla ad fontem sedemque Musarum regressus denuo in numerum civium academicorum referendum me curarem. Itaque scholis interfui V. V. Ill. Flathii, Schletteri, Wuttkii, Hartensteinii, Albrechtii, Hansenii, Drobischii, Guntheri, Marezollii, Godofredi Hermanni, cujus ingenii singularis virtus et amplitudo numquam oblivione obrui poterit. Propter rei familiaris tenuitatem vitam pueris privatim instituendis sustentare me coegit necessitas. Avus enim meus septuagenarius paullulum tantummodo adjumenti mihi potuit suppeditare, quippe cui, patre meo praematura morte erepto, matris meae viduae esset cura, ut quinque praeter me nepotibus vix haberet, unde praeberet victum. Quum igitur in re non satis lauta viverem, quin vel necessariis ad vitam degendam subsidiis carerem, fortunae crudelitate summaque inopia tandem ad meliorem rerum conditionem adipiscendam coactus sum, ut in theatro Regio, quod Dresdae floret, susciperem munus histrionis, cujus praecipuae partes ad cantus edendos pertinent. Quamvis Taurus philosophus verbis neutiquam blandissimis, Aristotele auctore, homines scenicos quasi neque strenuos neque umquam disciplinarum honestarum studiosos prosequatur, tamen etiam nulla praecepta firma et stabilia esse alterum profitetur doctrinarum columen M. Tullius, quem nemo ignorat Roscio Comoedo et Aesopo Tragoedo tam familiariter usum esse, ut res rationesque eorum sua sollertia tueretur. Equidem a liberali Musa et a studiis humanitatis numquam prorsus afui, praecipue adhortante Ludovico Klee, nunc mortuo, genero Weinligii illius, rectore scholae Dresdensis ad St. Crucem, qui me sibi artissimis benevolentiae animique paterni vinculis reddidit obstrictum, ut, quae debeo viro dilectissimo, nequeam verbis exponere. Vehementer autem gaudeo, copiam mihi hoc loco factam esse, gratissimae et pientissimae viri illius memoriae verbis declarandae. Illo enim suasore carissimo interpretationi „noctium Atticarum Auli Gellii" operam studiumque ut navarem commotus sum, qui liber nuper absolutus in publicum prodiit. Tradito hoc volumine librorum ab A. Gellio relictorum, totorumque a me primo translatorum, nec non enarrationibus pedetemtim admixtis editorum ab Amplissimo Philosophorum Ordine, qui Lipsiae floret, die III. m. Martii anni DCCCLXXVI philosophiae doctor et bonarum artium magister creatus atque tabula publica declaratus sum. Cujus honoris compos factus numquam desinam Principibus Academiae Celsissimis summam, quam debeo, habere gratiam.

Speciell über die musikalische Ausbildung von .Fritz Weiss und seine Thätigkeit als Sänger schreibt das Tagebuch der Königlich Sächsischen Hoftheater vom Jahre 1882 bei Gelegenheit der Feier seines 25 jährigen Künstlerjubiläums: „Als Thomaner wirkte er bei den von Mendelssohn-Bartholdy geleiteten Gewandhaus-Concerten mit und befand sich unter den 30 jugendlichen Sängern, welche zu den Verlobungs- und Vermählungsfeierlichkeiten des Kronprinzen von Hannover auf das Schloss nach Altenburg ausgebeten wurden. Er erinnert sich noch der ausserordentlichen Liebenswürdigkeit und Herablassung, womit der Fürstensohn die Leistungen der Sänger aufnahm. Ausser dem musikalischen Talent, welches ihm vorzugsweise den Weg zur Gelehrtenschule gebahnt hatte, entfaltete sich hier auch bald seine Begabung für Sprachwissenschaften, sodass er der Lieblingsschüler des rühmlichst bekannten Philologen Conrector Jahn wurde, des Herausgebers der philologischen Jahrbücher. Nach Absolvirung des Gymnasiums bezog er die Universität Leipzig, um Jura und Philologie zu studiren, letztere war seine Lieblingswissenschaft. Sie wurde ihm zugleich alma mater im practischen Sinne. Mangel an Mitteln zwangen ihn, Stunden in den klassischen Sprachen zu ertheilen und seine wissenschaftliche Gründlichkeit sowohl, als auch die lebensvolle Behandlung, die er den Schriften des Alterthums zu geben verstand, erwiesen ihm hierbei treffliche Dienste. Nächstdem blieb auch die Musik ihm stets eine holde Freundin. Er wirkte als Mitglied des Universitäts-Gesangsvereins „Paulus" oft in den Aufführungen als Solobassist mit. Auf einer im Sommer 1849 unternommenen Ferienreise zu seinen Verwandten, Bürgermeister Neubert in Dresden und Pastor Dr. theol. Löhn in Hohnstein in der sächs. Schweiz, wurden ihm viele Anregungen in musikalischer Richtung zu Theil. Durch den damaligen Opern-Regisseur des Hoftheaters Schmidt wurde er bewogen, sich dem ausgezeichneten Kunstkenner, dem damaligen vortrefflichen Lenker des Königl. Kunstinstituts Sr. Excellenz dem wirkl. Geh. Rath von Lüttichau vorzustellen, dem die jugendliche, frische Bassstimme gefiel, sodass Weiss sofort zu weiterer Ausbildung unter dem Italiener Barbieri engagirt und nebenbei in kleinen Partien beschäftigt wurde. Um die Schwingen auch in grossen Kunstaufgaben zu prüfen, ging er 1853 in ein Engagement nach Görlitz, von da als erster Bassist und Bassbuffo nach Königsberg in Ostpr., gastirte dann im Casseler Hoftheater unter Spohr, in Brünn unter der Direction von Flerx und Gallmeyer (Vater der feschen Peppy) in Stralsund und Rostock und wurde 1857 von Dir. Schrammeck für Petersburg engagirt. Da dessen Direction für Russland nicht perfect wurde, so privatisirte Weiss eine Zeit lang in Dresden. Als eines Tags (am 1. August 1857) die Zauberflöte im Hoftheater gegeben werden sollte und Abiger durchgegangen war, so übernahm Weiss ohne Probe kurz vor der Vorstellung die Rolle des ersten Sprechers und trat von diesem Tage an wieder in den Verband der Dresdener Hofbühne ein, dem er seit dieser Zeit ununterbrochen angehört hat. Wenn er, der die Kunst stets vom idealsten Gesichtspunkte aus betrachtete, sich glücklich fühlte, wieder einem Kunstinstitute anzugehören, das seinen Anforderungen in diesem Sinne am meisten zu entsprechen geeignet war, so bewies er es thatsächlich, indem er sich demselben als Sänger und Schauspieler, in Oper, Trauerspiel, Schauspiel, Lustspiel, Posse, selbst in den kleinsten Rollen, und wiederum in rasch übernommenen grossen Partien stets als ein vielseitiges, berufstreues und vom reinsten Kunsteifer beseeltes Mitglied zeigte. 13 Jahre lang war er auch bei den Königl. Privat-Vocal-

Messen im Schlosse zu Pillnitz thätig, welche jedoch nach König Johann's Tode aufgehoben wurden. Auch als Oratoriensänger hat er sich oft in hervorragender Weise ausgezeichnet, z. B. bei den Aufführungen des vortrefflichen Riedel'schen Gesangvereins in Leipzig und in den Musterconcerten des Fürsten Friedrich von Hohenzollern zu Löwenberg i. Schl."

Bei dem Tode von Fritz Weiss am 14. März 1893 in der Niederlössnitz bei Dresden, wohin er sich nach seinem Abgang von der Königl. Hofbühne in Dresden zurückgezogen hatte und wissenschaftlichen Arbeiten lebte, widmete Paul Jensen im Dresdner Logenblatte ihm folgenden Nachruf: „Hatte er wohl Feinde? Ich habe nie davon gehört, und Alle, die ich fragte, gaben mir dieselbe Antwort: „Fritz — Feinde? Wie sollte Der wohl dazu gekommen sein!"

Ja, wir haben einen guten Mann begraben, einen echten und gerechten Frmer., einen Mann, der schon ein Mrer. war, ehe er in unsrer Bauhütte das mrerische Licht erblickt hatte. Vor mir liegen seine Acten, und mit inniger Freude, mit wahrer Erhebung, lese ich Weissens Gesuche um Aufnahme und Beförderung, lese ich die Geschichte seiner Jugend. Welche Herzensgüte spricht aus seinen Worten, welch' reifer Geist aus seinen Vorstellungen über unsern Bund, wie treffend und richtig hatte er das Wesen der Mrerei erfasst, wie klar, wie schön sind die Schlüsse, die er aus seinen Beobachtungen über unsere Bestrebungen zieht.

„Er war ein Mann, nehmt Alles nur in Allem!"

In ärmlichen Verhältnissen zu Ehrenfriedersdorf i. E. geboren, lernte er schon früh des Lebens Sorgen und Mühe kennen, den Kampf ums Dasein kämpfen. Durch Currendesingen musste er sich die erste elementare Bildung, sein Schulgeld verdienen. Ein Verwandter aus Leipzig, welcher des Knaben frische Stimme hörte, brachte seine Angehörigen auf den vernünftigen Gedanken, für Fritz um eine Freistelle auf der Thomasschule einzukommen. Ohne viele Schwierigkeiten erfolgte seine Aufnahme, und vielleicht hat der folgenreiche Umstand, dass er der Musik seine Erhebung in ein höheres Leben und Streben, seine Bildung verdankte, seine Liebe zu der holden Kunst derart genährt, dass er ihr später sein Leben zu widmen beschloss. — Nach ebenfalls recht ärmlicher, an Entbehrungen reicher Schulzeit studirte er aus Neigung Philologie, nicht Jurisprudenz, obwohl das Studium der letzteren ihm Stipendia eingetragen hätte. Was aber fragt ein Idealist nach den äusseren Glücksumständen! Durch Unterrichten, durch Nachhilfestunden erwarb der junge Student so viel, dass er ein anspruchsloses Leben führen und seiner steten Neigung, Andern zu helfen, wohlzuthun, nach Kräften nachkommen konnte. Aber — wie eben gesagt — sein Liebe zur musikalischen Kunst überwog doch noch seine philologisch classischen Neigungen, er vertraute seinem Talente, seiner Stimme und — wurde Sänger.

Nach einer Reihe von Wanderjahren führte ihn sein Glücksstern im Jahre 1857 an unsere Hofbühne, welcher er durch lange Jahre bis zu seinem Eintritte in den wohlverdienten Ruhestand als trefflicher Künstler, als höchst verwendbares und pflichtgetreues Mitglied unter allseitiger Anerkennung angehörte.

1865 klopfte er als Suchender an die Pforte unseres hehren Tempels, und gern und freudig ward ihm aufgethan. Er hat durch alle die Jahre seiner Zugehörigkeit zu unserm erhabenen Bunde seine wahrhaft mrerische Gesinnung allzeit bethätigt, durch die edlen Klänge seiner wohlgebildeten Bassstimme nicht wenig zur Erhebung und zur Freude der Brschaft beigetragen.

1890 konnte er sein Mrer.-Jubiläum feiern, doch leider nur im stillen Heim, fern von den treuen BBrn., da ihn eine kaum überstandene schwere Krankheit alle Aufregungen fliehen hiess. Er erholte sich auch nicht wieder, sondern ging am 14. März d. J. in den e. O. ein.

Möge seine Seele, welche nunmehr geläutert vor dem grossen, ewigen Baumeister steht, freundlich blickend auf seine noch irrenden und strebenden BBr. herabschauen, sein Leib aber ruhe in Frieden. Wir Alle gedenken seiner in treuer Liebe!"

Das sind die hervorragendsten schönen Charakterzüge im Lebensbilde von Fritz Weiss. Möchte das gegenwärtige kleine Werk als die letzte Frucht des Verfassers bei Fachgenossen und Freunden eine wohlwollende Aufnahme und Beurtheilung finden.

Dresden, 1. Juni 1894.

Prof. Dr. theol. et Dr. phil. Aug. Wünsche.

Einleitung.

Der Afrikaner Apulejus — der Vorname Lucius ist nicht sicher bezeugt — ist in Folge seiner reichen Veranlagung und des in seinen Schriften niedergelegten Wissens eine der bedeutendsten litterarischen Gestalten des 2. Jahrhunderts. Er stammte aus angesehener und begüterter Familie und wurde unter Hadrian um das Jahr 125 zu Madaura geboren, wo sein Vater das hohe Amt eines Duumvir bekleidete, zu dem später auch der Sohn gelangte. Seine erste Bildung erhielt er in Karthago. Dann begab er sich nach Athen und legte hier den Grund zu seinen umfassenden Kenntnissen in beiden Literaturen; er trieb hauptsächlich Philosophie und beschäftigte sich mit Poesie, Musik, Geometrie und Dialektik. Hier lernte er auch einen Landsmann aus der afrikanischen Stadt Oea kennen, den jungen Pontianus, den Sohn des Sicinius Amicus und der Aemilia Pudentilla; mit ihm verband ihn eine innige Freundschaft, die besonders aus der gleichen Studienrichtung beider entsprang. Ausser seinem Studium der Einzelwissenschaften und der Philosophie liess sich Apulejus auch in mehrere griechische Geheimkulte einweihen. Auch in anderen griechischen Städten mag er sich aufgehalten haben, Reiselust war ein hervorstechender Zug seines Wesens. Den Aufenthalt in fremden Ländern benutzte er hauptsächlich dazu, um seine Kenntnisse in allen Beziehungen zu erweitern. Namentlich die Beobachtung der Natur zog ihn mächtig an und sowohl durch eigene Forschungen wie auch durch eindringende Studien der darauf bezüglichen Litteratur erwarb er sich hierin ein sehr ausgebreitetes Wissen. Als treueste Führerin seines Lebens verehrte er aber die platonische Philosophie, geradezu mit Ehrfurcht giebt er Anführungen aus den Schriften seines Meisters. Für die Naturwissenschaften wurde ihm Aristoteles der Hauptlehrer. Nachdem Apulejus Griechenland verlassen hatte, begab er sich nach Rom, wo er die Metamorphosen verfasste. Dann ging er in die Heimath zurück. Uebrigens schmolz ihm das väterliche Vermögen — mit einem Bruder zusammen hatte er zwei Millionen Sesterzien geerbt — in Folge der vielen Reisen stark zusammen, doch dem Wissen und der Erkenntniss konnte Apulejus die grössten Opfer bringen.

Als er sich wieder auf heimischem Boden befand, brachte eine Reise von Madaura nach Alexandria eine grosse Veränderung in seinem Leben hervor. In Oea nämlich wurde er krank und dort von der ihm befreundeten Familie der Appier gut aufgenommen. Vor allem aber erneuerte er die Freundschaft mit Pontianus. Dieser fühlte sich so zu ihm hingezogen, dass er ihm den Vorschlag machte, seine Mutter Aemilia Pudentilla zu heirathen, die schon dreizehn Jahre verwittwet war. Pudentilla war nämlich mit Sicinius Amicus vermählt gewesen und hatte ihrem Mann zwei Söhne geboren, Pontianus und Pudens. Nach dem Tode ihres Mannes wünschte ihr noch am Leben befindlicher Schwiegervater, dass sie seinen älteren Sohn Sicinius Clarus heirathen möchte, denn nur in diesem Falle würde er ihren beiden Knaben etwas aus dem Vermögen ihres Vaters im Testamente aussetzen. Um die Kinder nicht zu benachteiligen, verlobte sich Pudentilla zwar mit dem ihr widerwärtigen Clarus, doch die Hochzeit schob sie so lange hinaus, bis der Schwiegervater gestorben war und sie ihren Zweck, die Beerbung desselben durch ihre Kinder, erreicht hatte. Sie löste die Verlobung auf, sah sich aber nun nach einem Manne um, der ihr die lange Wittwenschaft ersetzen sollte. Jedenfalls war die feingebildete und noch hübsche Frau eine gute Partie. Als nun Pontianus mit Apulejus näher bekannt wurde, glaubte er, den passenden Mann für seine Mutter gefunden zu haben. Allein der Philosoph machte Schwierigkeiten, wurde aber wenigstens dazu bewogen, den Winter über in Oea zu bleiben und ins Haus der Pudentilla zu ziehen. Endlich wurden die Bitten des Pontianus dringender und Apulejus gab nach. Die einzige Bedingung, welche Pudentilla stellte, war, dass sich Pontianus erst selbst vermählen und seinen Bruder Pudens mit der Toga virilis bekleiden sollte.

Pontianus nahm nun die Tochter des Herennius Rufinus zur Frau, hatte aber sehr bald Grund, seine Wahl zu bereuen. Das Haus des Rufinus war die Brutstätte für alle Laster und sittliche Verdorbenheit; Mutter und Tochter waren schon öfters von der schamlosen Gewinnsucht des Vaters an beliebige Männer überlassen worden. Und diese Familie überredete den Pontianus, die Ehe seiner Mutter mit Apulejus mit allen Mitteln zu hintertreiben. Denn da Pudentilla erst wenig über vierzig Jahre alt war, so konnten noch erbfähige Kinder in Aussicht stehen. Dadurch aber wurde die Spekulation des Rufinus durchkreuzt, der es bei der Heirath seiner Tochter lediglich auf das Vermögen der Pudentilla abgesehen hatte. Aber die treffliche Frau liess sich durch ihren irre geleiteten Sohn nicht abbringen und auf einem kleinen Landgute reichte sie dem Apulejus ihre Hand. Zu spät erkannte Pontianus, wie hässlich er an seiner Mutter gehandelt hatte, und mit seinem jüngeren Bruder Pudens, der dem strebsamen Pontianus höchst unähnlich war, ging er zu Apulejus und bat ihn fussfällig wegen seines Auftretens um Verzeihung. Er erreichte nicht nur diese, sondern auch die Verwendung seines Stiefvaters bei dem früheren Proconsul Afrikas, dem Lollianus Avitus. Zu dem letzteren unternahm er bald darauf eine Reise nach Karthago, doch als er auf dem Heimwege begriffen war, wurde er von einem plötzlichen Tode ereilt. Nun bemächtigte sich Rufinus aus Ingrimm über das kläglich ausgefallene Testament Pontians des jüngeren Bruders Pudens und verstrickte den leichtsinnigen jungen Menschen immer tiefer in das Laster, das in seinem Hause seinen Sitz aufgeschlagen hatte. Rufinus gewann den Sicinius Aemilianus, den Oheim des Pudens, einen Menschen von der gleichen niedrigen Sinnesart. Pudens zog in das Haus des Rufinus und wurde nun durch die Bemühungen der beiden Ehrenmänner leicht dazu gebracht, im Verein mit ihnen eine Klage gegen Apulejus anhängig zu machen, in welcher er seinen Stiefvater der Zauberei beschuldigte. Auf einem Gerichtstage zu Sabrata kam diese Klage vor dem Proconsul Claudius Maximus zur Verhandlung. Jedenfalls führte Apulejus seine Sache selbst und deckte in seiner Vertheidigung das Lügengewebe der Ankläger so offenbar auf, dass er freigesprochen wurde.

Nach dieser Wendung seines Schicksals begab sich Apulejus nach Karthago, wo er seinen festen Wohnsitz nahm und ein Priesteramt bekleidete. Dort und anderwärts hielt er öffentliche Vorträge und er erfreute sich eines solchen Ansehens, dass man ihm eine Bildsäule errichtete, eine Ehre, die ihm übrigens auch schon in anderen Städten zu Theil geworden war. Dabei war er fortgesetzt schriftstellerisch thätig. Sein Tod fällt in unbekannte Zeit. Merkwürdigerweise erhielt sich sein Ruf als der eines Zauberers, wie Lactanz und Augustin berichten: Man verglich in den nächsten Jahrhunderten seine durch den Volksmund überlieferten Wunderthaten mit denen von Christus. Doch im Mittelalter verschwand sein Einfluss fast gänzlich, der heidnische Inhalt und die gekünstelte, oft schwer verständliche Form seiner Schriften mögen die hauptsächlichen Gründe dafür gewesen sein. So viel ich sehe, hat nur Vincenz von Beauvais eine nicht unbedeutende Kenntniss in den Schriften des Philosophen von Madaura besessen. Und wie in mittelalterlichen Bibliothekskatalogen die ächten Werke des Apulejus nur ganz vereinzelt erscheinen, so finden sich auch heute nur sehr selten Handschriften von ihm. Unsere Ueberlieferung seiner Werke geht nicht über das 11. Jahrhundert hinaus und weist vorzugsweise auf Italien.

Von den Schriften des Apulejus ist uns nur ein kleiner Theil erhalten. In allen herrscht ein stark persönliches Element vor und das ist um so wichtiger, als wir es mit einem vielseitig wissenschaftlich und philosophisch gebildeten Manne zu thun haben. Man gewinnt aus seinen Werken den Eindruck eines rastlos nach Erweiterung seines Wissens strebenden Mannes, dem neben Laune und Witz ein unerschöpflicher Spott zu Gebote stand und der ausser einer grossen geistigen Frische auch nicht wenig Eitelkeit in Folge seiner Vorzüge besass. Sein Stil erscheint ganz durch die Vielseitigkeit seiner Lectüre und durch seine häufigen Reisen bedingt, es ist ein wunderliches Gemisch, weder zeitlich noch örtlich bestimmt, sondern in den verschiedensten Farben schillernd. Bald ist er tändelnd und spielend, bald von lyrischer Färbung, bald von Pathos getragen. Vieles macht bei ihm einen affectirten Eindruck und da Apulejus hauptsächlich auf dem Boden der Volkssprache steht, so hebt sich sein Reichthum an Blumen und Figuren im Ausdruck um so schärfer ab. Deutlich aber erkennt man, dass er ein sprachgewaltiges Talent besass, er versteht die Sprache zu meistern und zu beherrschen, wie wenige. Allerdings bleibt manches wegen übergrosser Künstelei dunkel, und es ist keineswegs so leicht, sich vollständig in seinen Stil hineinzulesen. Für die Geschichte der lateinischen Sprache bieten die Werke des Apulejus, besonders für die Vermischung von Volks- und Litteratursprache, ein ebenso wichtiges wie interessantes Zeugniss, weshalb die Wissenschaft sich ihnen jetzt auch mit erhöhtem Eifer zugewendet hat.

Schon aus den erhaltenen Werken des Apulejus ergiebt sich die Vielseitigkeit seines litterarischen Strebens. Zieht man aber noch die Titel seiner verlorenen Schriften in Betracht, so muss man ihm geradezu eine encyclopädische Veranlagung zusprechen. Seine Schriften bewegten sich im Gebiete der Naturwissenschaften, in der Musik, der Mathematik und Astronomie, endlich in der Philosophie. Zugleich aber dichtete er und schrieb auch Romane. Einer der letzteren ist erhalten, die Metamorphosen; sie sind sein bedeutendstes und am meisten gelesenes Werk und namentlich wegen des in ihnen enthaltenen reizvollen Märchens „Amor und Psyche" der deutschen Lesewelt längst durch Uebersetzungen vermittelt. Dagegen hat die vorliegende Apologie oder Vertheidigungsschrift noch keine Uebertragung erfahren, trotzdem sie nicht nur für philologische Leser ein interessantes Buch ist. Mit dieser Schrift haben wir uns im folgenden noch etwas näher zu befassen.

Die Apologie erweckt den Anschein, als ob sie in ihrer vorliegenden Gestalt wirklich gehalten worden wäre. Doch sie kann nur später ausgearbeitet worden sein. Die umfassende Breite der Vertheidigung, ihre Redseligkeit und eine Menge von Momenten, die zufällig und absichtslos erscheinen sollen, aber mit kluger Berechnung hinterher zusammengestellt worden sind, lassen nur diese Deutung zu. An mehreren Reden Ciceros und besonders natürlich an der Apologie seines Meisters Plato hatte Apulejus hierfür Vorbilder gefunden. Und für den litterarischen wie sonstigen Werth der Schrift trägt das ja gar nichts aus. Die Schrift selbst ist in ihrer Art ein Meisterstück gewandter und sicherer Vertheidigung. Und allerdings hatten es die Kläger dem Apulejus ziemlich leicht gemacht, da die ihm vorgeworfenen Beschuldigungen so gut wie nicht begründet worden waren. Ursprünglich war als Hauptpunkt der Anklage in Aussicht genommen, dass Apulejus seinen Stiefsohn Pontianus ums Leben gebracht haben sollte. Doch das erschien zu gefährlich. So wurde er nur der Zauberei beschuldigt, eine Menge von hierauf bezüglichen Punkten, die in der Anklageschrift aufgeführt waren, suchte diese Anklage zu gründen und zu stützen. Rufinus und Genossen glaubten den Apulejus dadurch unschädlich machen zu können, da Zauberei, welche man zu egoistischen Zwecken betrieb, nach dem geltenden Rechte mit den härtesten Strafen bedroht wurde. Aber dazu hätten die Belastungsmomente andere sein müssen, sie waren zum grössten Theil so albern und kindisch gewählt, dass es namentlich einem Manne wie Apulejus nicht schwer wurde, sie zu entkräften, einem Manne, der geistig so hoch über seinen Klägern stand und der die einzelnen Klagepunkte nur mit schonungslosem Spott anzugreifen brauchte, um die dreiste Verlogenheit seiner Gegner vor Aller Augen klar und deutlich hinzustellen. Der Grundgedanke, der die ganze Schrift durchzieht, ist der der Entrüstung, dass die Philosophie und das höhere Wissen überhaupt in ihm beleidigt werde. Das scheint höchst selbstbewusst zu sein, aber im vorliegenden Fall war dieser hohe Standpunkt durchaus begründet. Damit hatte übrigens Apulejus bei dem hochgebildeten Proconsul Claudius Maximus keinen geringen Vortheil. Und es mochten wohl noch Andere unter aller Würde finden, dass ein geistig so hochstehender Mann, dessen Ruf schon festbegründet war, von solchen notorischen Nichtswissern und Dummköpfen angeklagt wurde, deren schmutziges Privatleben mit der sittlichen Reinheit des Apulejus in einem schreienden Gegensatze stand. So wurde die Vertheidigungsschrift geradezu zur vernichtenden Anklage der Gegner, die froh sein mussten, wenn sie mit heiler Haut davonkamen.

Die einzelnen Klagepunkte waren nun folgende. Im ersten Theile der Klagschrift wandte man sich gegen das äussere Leben des Apulejus und rechnete es ihm zur Schuld an, dass er ein schmucker und redegewandter Mann sei und sogar Zahnpulver gebrauche. Er habe Gedichte verliebten Inhalts gemacht und sei im Besitze eines Spiegels, er sei arm und bedürftig, da er nur einen Sklaven habe, und sein Vaterland sei an der Grenze von Numidien und Gaetulien gelegen. Im zweiten Theile warf man ihm die Beschäftigung mit Zauberei vor. Denn er habe sich Fische fangen lassen und daraus Zaubermittel angefertigt. Ein Knabe sei, durch des Apulejus Zauberei behext, zur Erde gefallen, und dasselbe sei mit einer kranken Frau geschehen. Apulejus habe im Hause des Pontianus einige in ein Schweisstuch eingewickelte Gegenstände versteckt gehalten. Ferner habe er sich zum Zwecke der Zauberei eine Mumie in Form eines grauenhaften Skeletts aus feinem Holze schnitzen lassen. Die schwerste Beschuldigung aber betreffe die Bezauberung der Pudentilla. Sie habe sich nie wieder vermählen wollen, habe aber, von Apulejus behext, Briefe an ihn geschrieben und im sechzigsten Jahre ihn aus Wollust geheirathet, ihre Hochzeit mit ihm in einem Landhause gefeiert und sei von ihm durch Zauberei gezwungen worden, ihm ihr Vermögen zu vermachen. Dieser letzte Punkt war für die Kläger die Hauptsache und um seinetwillen hatten sie überhaupt die Klage angestrengt, zu deren Durchführung sie die Zauberei erfunden hatten.

Es ist nun höchst interessant, zu beobachten, in welcher für die Kläger geradezu vernichtenden Weise Apulejus der Reihe nach die Beschuldigungen abweist und die Dummheit, Unwissenheit und schamlose Habsucht seiner Gegner mit genialem Spotte übergiesst. Mit Hilfe einer meisterhaften Dialektik entkräftet er die Anklagen und seine wohlüberlegte, den verschiedensten Wissensgebieten entnommene Beweisführung setzt ihn in den Stand, die Ankläger selbst unausgesetzt zu verdächtigen. Sein Hauptbestreben war es, die Motive der Anklage ins hellste Licht zu setzen, und das ist ihm an der Hand von allerlei unkundlichem Material vortrefflich gelungen. Man sehe nur, wie er gegen die Beschuldigung wegen seiner verliebten Verse mit den wuchtigsten Schlägen treffend ausholt! Da heisst es, auch Andere haben erotische Gedichte gemacht, Griechen wie Römer, sogar ein anerkannter Philosoph wie Solon. Auch andere Dichter hätten die wirklichen Namen ihrer Angebeteten durch Kosenamen verhüllt, und der Meister Plato selbst habe solches gethan. Und wenn auch seine eigenen Verse unzüchtig wären, was er nicht zugebe, so dürfe man doch daraus noch keinerlei Schluss auf die Unzüchtigkeit des Dichters ziehen; sein Meister Plato habe genau zwischen sinnlicher und himmlischer Liebe unterschieden. — Ausgezeichnet ferner ist die Art und Weise, wie Apulejus den Verdacht der Erbschleicherei zurückweist. Er reinigt sich nicht nur gänzlich davon, sondern legt auch dar, wie er sogar gegen den Willen der Pudentilla seinen beiden Stiefsöhnen ihr mütterliches Erbtheil unverkürzt zu erhalten bestrebt gewesen sei.

Man muss doch zugestehen, dass neben dem herbsten Spott für seine Gegner Apulejus auch einen tiefen Ernst zu seiner Vertheidigung aufgewendet hat. Nicht umsonst verehrte er Plato als seinen höchsten Meister, denn immer ist er bestrebt, die einzelnen Punkte der Klage auf das sittliche Gebiet hinüberzuziehen. Es gelingt ihm mit seiner dialektischen Gewandtheit, die einzelnen Beschuldigungen daher zu seinen Gunsten zu wenden und sich als den sittlich Reinen, seine Gegner als die eigentlichen Angeklagten hinzustellen. Allerdings von einer gewissen Eitelkeit ist Apulejus nicht freizusprechen. Gar zu selbstgefällig rückt er seine guten Seiten in den Vordergrund und stellt sich selbst in das günstigste Licht. So spielt er auch seine grosse Literaturkenntniss geschickt aus, ein Umstand, der ohne Zweifel auf den hochgebildeten Claudius Maximus berechnet war, dem Apulejus, wie auch seinem Vorgänger Lollianus Avitus, in eben nicht geringem Masse Schmeicheleien entgegenträgt.

Die Belesenheit, welche Apulejus zur Schau trägt, ist allerdings eine ungewöhnlich grosse. Sie zeigt sich auch in anderen Schriften, aber auf verhältnissmässig engem Raume und bei der Vorstellung des öffentlichen Vortrages imponirt sie hier mehr als sonst. Die Werke der griechischen und römischen Dichter und Philosophen sind ihm gleich geläufig und auch auf die persönlichen Verhältnisse der Schriftsteller hält er sein Augenmerk gerichtet. Am meisten bedient er sich der Verse Homers und der Weisheitslehren des Plato, von dem er auch Gedichtfragmente überliefert. Häufig bringt er von anderen griechischen Philosophen Züge aus ihrem Leben oder Anführungen ihrer Lehren. Von den Römern kennt er Ennius und Lucilius ebenso wie Catull und die Dichter der augusteischen Zeit; namentlich zeigt er sich in der Lyrik unterrichtet, obwohl er auch die dramatische Poesie heranzieht. Auch in römischer und griechischer Geschichte zeigt sich Apulejus wohl bewandert. Zur Unterstützung seiner Behauptungen zieht er häufig historische Momente in die Beweisführung hinein, und zwar stets unter einer gewissen philosophischen Betrachtungsweise; er weist nach, wie Arbeit und Genügsamkeit allein zu grossen Thaten geführt hätten. In dieser Hinsicht enthält die Schrift manche vortrefflichen Aussprüche, aus denen man sieht, wie die Lebensauffassung des Apulejus von der praktischen wie von der theoretischen Seite beeinflusst und gebildet worden ist. So steht bei ihm Dichtung, Philosophie und Geschichte im Vordergrunde, aus ihrem Reichthum schöpft er fortwährend, um die Gegenwart durch die Vergangenheit zu erläutern. Manches Werthvolle hat Apulejus dadurch aufbewahrt, das sonst der Vergessenheit anheimgefallen wäre.

Endlich aber ist die Schrift von grosser Wichtigkeit wegen der vielfachen kulturhistorischen Momente, die in ihr gestreift werden. Zunächst ist es für die Sittengeschichte interessant, den begeisterten Platoniker im Gegensatz zu der schmachvollen Gesellschaft von Anklägern leben zu sehen. Denn nicht wenig Beweise für seine Unschuld schöpft Apulejus unmittelbar aus seiner eigenen Lebensführung und stellt dazu diejenige seiner Ankläger in Kontrast. Von Einzelheiten sei dann hervorgehoben der Abschnitt über Zahnreinigung (c. 6—8). Wichtig ist die Stelle, wo Apulejus den Gebrauch eines Spiegels höchst geschickt und geistreich vertheidigt, wo er nämlich mehrere Angaben aus der älteren Zeit über diesen Gebrauch beibringt und mit einem kurzen optischen Essay schliesst (c. 13—16). Von grossem Interesse sind dann c. 25—27 seine Auslassungen über Magie und Magier, die hauptsächlich den Werken griechischer Philosophen entstammen. Es folgt c. 29—42 der Abschnitt über seine Beobachtung der Fische mit mancherlei wichtigen Einzelheiten. Medicinisch interessant ist die Abweisung des Vorwurfs der Zauberei bezüglich zweier epileptischen Personen mit angeknüpfter Erklärung der Epilepsie nach Plato (c. 42—52). Für das Kunstgewerbe jener Zeit wichtig ist die c. 61—65 erwähnte Statuette des Merkur. Von besonderer Bedeutung für die Bezeichnung der Zahlen durch Hände und Finger ist endlich eine Stelle in c. 89, vgl. Rödiger, Jahresber. d. deutschen morgenländ. Gesellsch. f. 1845 S. 122. Und hierzu kommt noch vieles Andere, das für die Erkenntniss des geistigen wie materiellen Lebens im 2. Jahrhundert von Wichtigkeit ist.

Alles in allem hat Apulejus mit seiner Selbstvertheidigung eine höchst anziehende und lehrreiche Schrift geboten, die sich in der vorliegenden treuen Uebersetzung hoffentlich einen grösseren Leserkreis erwerben wird.

Dr. **Max Manitius**.

1. Erlauchter Maximus Claudius und Ihr hochansehnliche Genossen bei der Berathung:

Ich für meinen Theil war sicher und hielt es für ausgemacht, dass dieser Sicinius Aemilianus, ein Greis, allgemein bekannt wegen seiner Niederträchtigkeit, die eher vor Deinem Richterstuhl begonnene, als vor seinem Gewissen reiflich erwogene Anklage meiner Person aus Mangel an Beschuldigungsgründen nur durch Verläumdungen und Schimpfreden vervollständigen würde. Verdächtigt freilich kann zwar jeder beliebige Unschuldige werden, überführt aber nur ein Schuldiger. Auf diesen einen Umstand vorzüglich vertrauend, darf ich mich wahrhaftig glücklich schätzen, dass sich mir Mittel und volle ausgiebige Gelegenheit darbieten, vor Dir, unter einem solchen Richtervorsitz, die Gründe anzubringen, im Allgemeinen zur Abwehr einer Entweihung der Philosophie in den Augen Unerfahrener, und im Besonderen zu einer Rechtfertigung meiner eigenen Person. Waren jedoch diese Verläumdungen eines Theils schon auf dem ersten Anblick für mich schwerwiegend, so kamen sie mir andern Theils im Verhältniss zur Schwierigkeit einer gründlichen Widerlegung und Vertheidigung nicht wenig überraschend. Denn, um den Thatbestand zu vergegenwärtigen, es sind seitdem fünf oder sechs Tage her, da nach meinem Entschluss, die Vertheidigung meiner Frau Pudentilla gegen die Granier zu führen, die Anwälte des Sicinius Aemilianus verabredetermaassen und ohne mein Vermuthen mit Schmähungen über mich herfielen und sich unterfingen, mich der Zauberei und endlich sogar des Mordes an meinem Stiefsohn Pontianus zu verdächtigen. Da ich dabei wohl merkte, dass sie es darauf abgesehen, nicht sowohl Beschuldigungen durch gerichtlichen Process als vielmehr hingeworfenen Klatsch durch Zank und Streit vor Gericht zum Austrag zu bringen, so forderte ich sie überdies durch wiederholte Mahnung zur Begründung ihrer Anklage heraus. Als da aber Aemilianus auch Dich in ziemlich heftiger Aufregung sah und merkte, dass es ernstlich galt, aus dem Klatsch den Thatbestand nachzuweisen, so fing er aus Mangel an Selbstvertrauen an, sich irgend einen Schlupfwinkel für seine Unbedachtsamkeit auszusuchen.

2. Da er nun allenthalben weit früher ausposaunt hatte, dass seines Bruders Sohn, der junge Pontianus, von mir ums Leben gebracht worden sei, und er sich jetzt zur Klageeinreichung gedrängt sieht, zeigt er nun merkwürdiger Weise alsbald kein Gedächtniss mehr in Ansehung des mit Tod abgegangenen jungen Verwandten und ist stumm geworden wegen Klarlegung einer so grossen abscheulichen Beschuldigung. Wenn es aber auffallen sollte, dass er plötzlich wegen dieser Klarlegung stumm geworden ist, sollte es doch nicht den Anschein gewinnen, als wenn er gänzlich von dem Vorhaben abstehen wollte, und deshalb sich als einzigen Anklagepunkt nur die Beschuldigung auf Zauberei erwählte, deren Verdachtmotive weit leichter beizubringen sind, als wahre Beweise. Allein auch dieses Wagniss unternimmt er nicht einmal mit ehrlichem, offenem Visir, sondern reicht Tags darauf im Namen des Sicinius Pudens, meines noch sehr jungen Stiefsohns, eine Klagschrift ein, mit dem ausdrücklichen Bemerken, dass er demselben vor Gericht als Sachwalter beizustehen gedenke; eine neue Art der Anklagevermittelung durch einen Andern, wohlverstanden nur deshalb, damit er selbst, in Anbetracht des unreifen Alters seines kleinen Neffens, wegen Vergehens falscher Beschuldigung nicht in harte Strafe genommen werden könne. Da Du, erhabener Richter, höchst kluger Weise diesen Kniff klar durchschaut hattest und deshalb dem Aemilian immer von neuem befahlst, im eigenen Namen die vorgebrachte Anklage aufrecht zu erhalten, versprach er, sich darnach richten zu wollen. konnte aber nicht einmal auf diese Weise vermocht werden, auf directem Wege persönlich die Anklage zu führen, sondern plänkelt nun auch noch schonungslos indirect gegen Dich durch Verläumdung. Auf diese Weise immer und immer wieder dem gefährlichen Wagniss einer unmittelbaren Anklage entschlüpfend, besteht er hartnäckig auf dem Verlangen nach der Erlaubniss, seinem Neffen als Sachwalter zur Seite zu stehen, weil er da auf Nachsicht und Verzeihung rechnen darf und keine Gefahr läuft, möglicherweise wie der Ankläger als Verläumder bestraft zu werden. Daher war auch schon vor der Processverhandlung Jedem leicht ersichtlich, von was für einer Beschaffenheit die Anklage sich herausstellen würde, da der, welcher Erfinder, Urheber und Anstifter der Intrigue gewesen war, nicht den Muth hatte, diese mit offener Stirn als Einfädler zu vertreten, und vor Allem nun gar noch ein Mensch wie Sicinius Aemilianus, der, wenn er nur irgend etwas Wahres in Betreff meiner Verhältnisse hätte ausfindig machen können, wahrlich niemals so zurückhaltend einen Ausländer so vieler und so strafbarer Vergehen halber gerichtlich belangt haben würde, ein Mensch, der das Testament seines Oheims, das, wie er recht wohl wusste, ächt war, für falsch verdächtigt hatte, und zwar mit so grosser Hartnäckigkeit, dass, als der erlauchte Lollius Urbicus nach dem Gesammturtheil der höchstgestellten Männer den Ausspruch fällte, dass er das Testament für ächt erkennen und für verbürgt erhalten müsse, dieser Ausbund aller Tücke doch dagegen mit weithinhallender frecher Stimme schwor, das Testament sei gefälscht und diese Behauptung mit einer Frechheit aufrecht erhielt, dass ihn nur die Mässigung des erlauchten Lollius Urbicus mit Mühe vor Verderben und Untergang bewahrte.

3. Diese freche Aeusserung hoffe ich sowohl im Vertrauen auf Deinen Gerechtigkeitssinn als auch auf meine Unbescholtenheit bei dieser Gerichtsversammlung zu durchbrechen und zu entkräften, zumal bei solch wissentlicher Beschuldigung eines Unschuldigen wahrlich um so leichter zu entkräften, weil er, wie gesagt, schon vor dem Stadtpräfecten in belangreicher Angelegenheit völlig überführt wurde. Wenn nun jeder Rechtschaffene die Wiederholung eines einmaligen Fehltrittes später sehr angelegentlich vermeidet, so erneuert Einer von schlechtem Charakter um so kecker sein Vergehen und sündigt im Uebrigen je öfter, desto anstandsloser. Denn das Schamgefühl ist wie ein Kleid, je fadenscheiniger und abgetragener es ist, desto nachlässiger wird damit umgegangen. Und deshalb erachte ich es für nothwendig, in Anbetracht der Lauterkeit meines Schamgefühls, bevor ich zum Thatbestand schreite, alle und jede Verunglimpfung meiner Person zurückzuweisen. Denn ich unterziehe mich nicht nur der Rechtfertigung meiner Person, sondern auch der Vertheidigung der Philosophie, deren Hoheit und Würde selbst schon den geringsten Tadel als die höchste Beleidigung zurückweist. Haben doch deshalb in solch unlöblicher Absicht kurz vorher die Anwälte des Aemilianus viele Ungereimtheiten speciell mir angedichtet und andere im Allgemeinen von Einfältigen zusammengestoppelten Lügengewebe überhaupt gegen die Philosophen mit gedungener Zungengeläufigkeit aufgetischt. Könnte nun gleich auch dies von ihnen um Sold und als Miethlohn für Unverschämtheit ins Werk gesetzte, aberwitzige Geschwätz für abgezahlt gelten, nach einer nun schon bei dieser rabulistischen Kläffersorte gebräuchlichen Sitte, wonach das Natterngeschlecht zum Leidwesen Anderer sein Zungengift verschachert, so muss ich doch gerade meinethalb mit wenigen Worten die Angriffe widerlegen, um nicht bei Jemand den Verdacht zu erwecken, als solcher, dessen emsiges Bestreben dahin geht, auch nicht den geringsten Schein eines Makels oder einer Unehrenhaftigkeit auf sich zu laden, oder Gelegenheit zu bieten, dass, wenn ich irgend einen Punkt dieser abgeschmackten Anfeindungen übergangen haben würde, ich bei Jemand den Schein erwecken könnte, dieser Anklagepunkt mir mehr als Zugeständniss denn als Geringschätzung ausgelegt werden könnte. Denn nach meiner Meinung ist es das Zeichen eines schamhaften, zartfühlenden und sittsamen Gemüthes, schon selbst bei ungerechtfertigtem Tadel sich unangenehm berührt zu fühlen, während solche, welche sich schuldbewusst wissen, wenn sie gerechten Tadel erfahren, bedeutend in Aufregung und Zorn gerathen, da sie doch, seitdem sie angefangen, sich dem Lasterleben zu ergeben, an ihren üblen Ruf gewöhnt sind; denn bleibt es auch still von anderer

Seite her, so müssen sie sich doch selbst vor ihrem Gewissen eingestehen, dass sie eigentlich mit vollem Recht gescholten werden könnten. Denn in der That, jeder Rechtschaffene und Unbescholtene. dessen Ohr in seiner Unschuld und Unerfahrenheit noch kein Tadel berührte, und den, weil er immer an Lob gewöhnt ist, eine Ehrenkränkung befremden müsste, wird sicher um so viel mehr ernstlich und aufrichtig bemüht sein, dass ihm nur ungerechtfertigter Weise das nachgesagt werde, was er Anderen verdientermaassen würde zum Vorwurf machen können. Im Fall es nun also scheint, als beabsichtige ich zufällig ganz und gar Ungereimtes und höchst Gehaltloses zu meiner Vertheidigung vorbringen zu wollen, so muss dafür die ganze Schuld auf die zurückfallen, denen es zur Schande gereicht, solche ungerechte Vorwürfe gegen mich zur Sprache gebracht zu haben, darf aber nicht mir zur Last gelegt werden, dem es im Gegentheil Ehre einbringen muss, alle diese Beschuldigungen auch siegreich widerlegt zu haben.

4. Du vernahmst ja, ehrwürdiger Richter, also selbst etwas früher, dass es am Eingang der läppischen Anklageschrift gegen mich hiess: „Wir verklagen vor Deinem Richterstuhl den Philosophen Apulejus von Madaura, den schmucken und noch dazu im Griechischen und Lateinischen — o unerhörtes Verbrechen — höchst redegewandten." Wenn ich mich nämlich nicht irre, begann just mit eben diesen Worten jener nun eben wahrhaftig nichts weniger als redegewandte Sachwalter Tannonius Pudens die Anklage meiner Person. Wollte Gott, dass er diese gewichtigen Beschuldigungen bezüglich meines Aussehens und meiner Redegewandtheit der Wahrheit gemäss gegen mich als Belastungsmomente beigebracht hätte, ich würde ihm dann sehr leicht das haben erwidern können, was Alexander (d. h. Paris) bei Homer (Ilias III. 65) dem Hector:

Nimmer ja sind zu verachten die ehrenden Gaben der Götter,
Welche sie selber verleihen, die Keiner sich nähme nach Willkür.

Dies würde meine Antwort gewesen sein auf den Vorwurf meines nicht unvortheilhaften Aussehens. Ausserdem mit dem ausdrücklichen Bemerken, dass auch Philosophen ein edles Aussehen gestattet sei, dass Pythagoras, der zuerst sich den Namen eines Philosophen beilegte, seiner Zeit von ausgezeichneter Wohlgestalt gewesen sei, dass ferner jener berühmte Zeno aus Velia, der phokäischen Pflanzstadt in Unteritalien, der unter allen zuerst durch die anschlägigste Kunstgeschicklichkeit eine Streitfrage nach beiden Seiten hin aufzulösen verstand, dass auch dieser Zeno nach Plato's Behauptung weitaus der stattlichste Mann gewesen sei. Ebenso gab es auch nach anderweitig mündlicher Ueberlieferung noch viele andere Philosophen von dem wohlgestaltetsten Aeusseren, deren körperlicher Liebreiz durch Eigenschaften von Tugend und Anstand einen weitern

Zuwachs an Zierde erhielt. Aber dieses Vertheidigungsmittel ist, wie ich schon erwähnte, von mir durch mein Verschulden ziemlich weit in die Ferne gerückt, da mir. abgesehen von meiner sonstigen unerheblichen Erscheinung, die unausgesetzte wissenschaftliche Arbeit meine Gesundheit untergräbt, meine Körpergestalt abmagert, meine Lebenslust abstumpft, meine Jugendfrische verwischt, meine Vollkraft schädigt. Hier dieses Haar, von dem meine Ankläger mit offenbarer Verlogenheit behaupten, ich hätte es zur Verschönerung meiner Körperreize lang wachsen lassen — Du siehst mit eigenen Augen, ob es elegant und geschniegelt ist — dieses Haar durch Aufbausch verflochten und verwickelt, einer Wergpolsterung ähnlich, ungleich, struppig, wulstig und zusammengewirrt, gänzlich unauflösbar, nicht etwa durch die lange Unachtsamkeit der Frisur, sondern durchaus nur durch Versäumniss des Entwirrens und Scheitelns. Es braucht meiner Meinung nach keiner weiteren Wiederholung dieser Beschuldigung einer übertriebenen Haarpflege, welche meine Gegner gleichsam als Hauptverbrechen hervorsuchten.

5. Wenn ich aber hinsichtlich des Vorwurfs der Beredtsamkeit es wirklich zu etwas gebracht haben sollte, so dürfte es weder befremdend noch tadelnswerth erscheinen, mich darüber auszulassen, der ich von frühester Jugend blos wissenschaftlichen Beschäftigungen aus allen meinen Kräften ergeben, mit Verachtung aller anderen Vergnügungen, bis jetzt für alle Zeit meines Bedünkens mehr als alle Menschenkinder mit bedeutender Anstrengung Tag und Nacht mit Verachtung und Verlust meiner Gesundheit mir diese Fertigkeit zu erwerben gesucht habe. Aber nicht mögen sie von meiner Beredtsamkeit fürchten; wenn ich überhaupt einen Erfolg zu verzeichnen habe, kann ich von ihr doch nur mehr das Beste hoffen, als die Wirkung voraussehen. Obgleich ich, wenn es die Wahrheit sein sollte, was man sich von Statius Caecilius erzählt, dass er in seinen Gedichten die Behauptung niedergeschrieben haben soll: „Unbescholtenheit sei (die wahre, beste) Beredtsamkeit" — obgleich ich dann also nach diesem Grundsatze laut und offen erkläre und verkünde, dass ich Niemandem unter Allen in der Beredtsamkeit einen Vorrang einräumen werde. Denn wer lebt da wohl, der auf genannte Art beredter ist als ich? der ich nie etwas zu denken gewagt, was ich nie hätte wagen dürfen auszusprechen? Zugleich behaupte ich der unvergleichlichste Redner zu sein, denn jede Pflichtwidrigkeit hielt ich stets für Unrecht; zugleich der schlagfertigste, da in meinen Worten und Werken nichts zu finden sein wird, worüber ich vor aller Welt nicht ein offenes Bekenntniss ablegen könnte, sowie ich nun gleich über die von mir verfassten, von meinen Widersachern erwähnten und gleichsam als schlüpfrig bezeichneten Verse mich weiter auslassen will, wobei Dir nicht entgangen sein wird, wie ich unter Lachen Jenen zürnte, weil sie meine Verse mit falscher Betonung und ungeschickt vortrugen.

6. Zuerst also verlasen sie aus meinen in Versen verfassten Schäkereien ein Briefchen an einen gewissen Calpurnianus mit einem Zahnpulverrecept, der, als er gegen mich diesen Brief ans Licht zog, ganz sicher bei aller Lust mir zu schaden nicht vermuthete, dass im Fall eine Verunglimpfung mir daraus erwachsen sollte, wir dann Beide gemeinschaftlich diese Beschuldigung auszubaden haben würden. Durch jene Verse wird besagt, dass es sich nämlich nur um ein Mittel zum Abreiben der Zähne handelt, welches er sich von mir erbat; sie lauten:

Calpurnian, Dich grüss' ich in Versen flüchtig und schicke Dir
Auf Wunsch, von Zauberkräutern aus Arabien hier
Das Zähnereinigungsmittel für des Mundes Zier.
Ein fein glanzbringend berühmtes Pulverchen,
Zahnfleischgeschwollenheiten Ebener und Vertreiber,
Vortägiger Speiserest' Abreiber,
Dass nirgends mehr von Schmutz ein ekel Fleckchen wo erschein',
Wenn je zum Lächeln Du verziehst die zarten Lippchen Dein.

Nun bitte ich, was enthalten diese Verse dem Inhalt oder dem Wortlaut nach Unzüchtiges oder das Schamgefühl Verletzendes? Was überhaupt, wovon ein Philosoph nicht sollte wollen, dass es von ihm herrühre? Wenn mir nicht vielleicht darüber ein Vorwurf zu machen ist, dass ich dem Calpurnianus ein aus arabischen Kräutern zusammengesetztes Zahnpülverchen schicken konnte, für den es eine weit billigere und angemessenere Sendung gewesen wäre nach unfläthigster hispanischer Sitte wie Catull sich ausdrückt (XXX, 17—21):

„Es machen sich mit dem, was man früh pisst, nur Schweine
Das rothe Zahnfleisch und die Zähne raspelnd reine."

7. Vorher schon sah ich, wie sich Einige kaum des Lachens enthalten konnten, als nämlich besagter Redner sich so bitter über das Mundreinigungsmittel erboste und über Zahnpulver mit so grosser Entrüstung sich aussprach, wie Niemand je mit grösserer, wenn es sich um tödtliches Gift handelt. Ei warum sollte es im Gegentheil für einen Philosophen ein gar nicht zu verachtender (vielmehr ein schmeichelhafter) Vorwurf sein, nichts Unfläthiges an sich zu dulden, keinen sichtbaren Theil seines Leibes unrein und ekelerregend sein zu lassen, vorzüglich den Mund, dessen sich der Mensch vor Aller Blicken und Augen am häufigsten bedient, sei es, dass er Jemandem einen Kuss giebt, sei es, dass er sich mit Jemandem unterhält, oder beim Vortrag bei einer Zuhörerschaft, sei es, dass er im Gotteshaus seine Bitten anbringt, da ja jeder menschlichen Handlung das Wort vorausgeht, das, wie der vorzügliche Dichter Homer sagt: „aus der Zähneverschanzung hervorgeht."

Ich setze den Fall, Du ertheilst das Wort irgend einem ähnlichen Grosssprecher, er würde nach seiner Weise sagen, zumal wenn ihm die Sorge der Ausdrucksweise irgendwie am Herzen liegt, vor allen übrigen Theilen des Körpers müsse man sich die Pflege des Mundes angelegen sein lassen, weil er der Vorhof der Seele und die Schwelle zum Tummelplatz der Rede und der Sammelplatz der Gedanken ist.

Ich, nach meinem Dafürhalten wenigstens, würde sagen, dass einem freien und edlen Manne nichts weniger gut anstehe, als Unsauberkeit des Mundes. Denn dieser menschliche Theil ist seiner Lage nach erhaben, dem Blicke offenbar, vielseitig an Verwerthung. Denn bei zahmen wie wilden Thieren wird zwar der Mund zur Erde geneigt, abwärts den Füssen zugekehrt, der Fussspur und der Weide zugewandt und wird meist nur dann ganz sichtbar, wenn sie todt daliegen oder zum Biss gereizt werden; den Mund des Menschen aber zu betrachten bietet sich Gelegenheit, mag er schweigen oder sprechen.

8. Ich wünsche daher, dass mir mein Sittenrichter Aemilianus die Frage beantwortet, ob er sich wohl je die Füsse zu waschen pflegt? oder, im Fall er dies unzweifelhaft zugiebt, ob er etwa die Behauptung aufzustellen gedenkt, dass man den Füssen eine grössere Sauberkeitspflege müsse angedeihen lassen als den Zähnen? Gerade heraus nun, wenn Einer, so wie Du, Aemilianus, seinen Mund fast nie aufthut ausser zu Schimpfereien und Verläumdungen, so meine ich, dass jede Pflege zur Reinigung des Mundes überflüssig erscheint, ich meine, dass ein solcher seine Zähne mit Scheiterhaufenkohle hätte abreiben müssen, und weder durch ein ausländisches Pulver zu säubern, noch auch nur mit gewöhnlichem Wasser abzuspülen brauchte, vielmehr mag ihm die böse Zunge, die (eifrige) Dienerin für seine Verlogenheiten und bitteren Kränkungen, immer am ekelhaften Orte in seines Mundes Stinkpfütze, in seiner Schandschnauze begraben bleiben. Denn wie in aller Welt lässt sich dies zusammenreimen, eine reine, saubere Zunge, aber eine unflätbige und schmutzige Ausdrucksweise sein eigen zu nennen und nach Schlangenart mit schneeweissen Zähnchen ein schwarzes Gift zu verspritzen? Uebrigens wenn einer weiss, dass er einen Grundsatz aussprechen wird zum Nutzen und Frommen Anderer, spült er, wie seinen Becher bei einem guten Trunke, sich billiger Weise vorher seinen Mund aus. Was aber ergehe ich mich noch weiter in Betrachtung über einen so gearteten Menschen? Auch selbst das Krokodil, jenes entsetzliche Ungeheuer, das im Nil geboren wird, hält verbürgten Nachrichten zufolge durch Aufsperren des Rachens gefahrlos seine Zähne zum Reinigen gelassen hin. Denn weil es seinen grossen Rachen, der aber ohne Zunge ist, meist in dem Wasser birgt, so setzen sich viele Blutegel an den Zähnen an. Wenn dieses Ungeheuer nun aus dem Wasser ans Ufer des

Flusses herausgegangen ist und seinen Rachen aufsperrt, so giebt es einen Vogel unter den Flussvögeln — o freundlicher Vogel — der mit seinem Schnabel ohne die geringste Gefahr für sich ihm diese Blutegel abpickt und ausgräbt.

9. Uebergehen wir das. Ich komme nun zu den übrigen Versen, oder wie sie Jene nennen, zu den Liebesversen, welche jedoch von Jenen so plump und ungeschickt vorgetragen wurden, dass diese Verse (statt einen lieblichen, eher) einen widerwärtigen Eindruck hervorbrachten. Aber wie steht das in Beziehung zur Zauberei, weil ich die Kinder meines Freundes Scribonius Laetus im Gedichte gepriesen habe? Oder bin ich deshalb ein Zauberer, weil ich Dichter bin? Wer hat je von einem solchen bestehenden Verdacht sagen hören? Von einer so treffenden Vermuthung, von einem so nahe liegenden Beweis? „Apulejus hat Verse verfertigt." Wenn schlechte, ist es eine Verbrechensschuld nicht des Philosophen, sondern des Dichters; wenn gute, was soll dann Deine Anklage? „Aber er hat nämlich kurzweilige und verliebte Verse gemacht!" Das nun also sind meine Verbrechen, und so irrt ihr euch in der Namensbezeichnung, die ihr mich der Magie beschuldigt (während nur die Rede hätte sein sollen von Unzüchtigkeit in Gedichten).

Doch auch andere haben dergleichen angefertigt. Im Fall ihr das nicht wissen solltet, bei den Griechen z. B. ein Tejer (Anacreon), ein Lacedaemonier (entweder Dionysodotus oder Alcman 670 bis 640 v. Chr.), ferner ein Cianer (entweder Simonides gest. 468 v. Chr. oder dessen Schwestersohn Bacchylides) mit noch zahllosen Anderen. Auch jene berühmte weibliche Dichterin aus Lesbos (Sappho), deren leidenschaftliche Gedichte eine solche Anmuth athmen, dass die Ausgelassenheit der Sprache dieser Frau durch den Liebreiz der Dichtung unsere Nachsicht abringt. Bei uns aber haben sich mit Glück in dieser Versgattung versucht (nach Aulus Gellius N. A. XIX 9, 10—14) Aedituus, Portius und Catulus mit noch unzähligen Anderen. „Aber sie waren ja keine Philosophen." Willst Du denn nun gar auch leugnen, dass Solon ein ernster Mann und ein Philosoph gewesen sei? Und doch ist jener höchst ausgelassene Vers von ihm:

„Reizt Dich der Schenkel Zier, reizt Dich die Süsse des Mund's."

Und was so annähernd Ausgelassenes verrathen alle meine Verse im Vergleich mit diesem Einzigen? Um zu schweigen von den Schriften des Cynikers Diogenes und des Gründers der stoischen Schule des Zeno aus Cittium und von vielen Anderen dergleichen.

Ich will meine Verse noch einmal wiederholen, damit meine Ankläger wissen, dass ich mich dieser Verse nicht zu schämen brauche:

Mag auch Critias mein Name sein, ganz verbleibt, Charinus,
Der (andere) Theil von meiner Liebe ganz Dir, mein Leben;
Fürchte nicht, dass das eine Feuer in Gemeinschaft mit dem Andern
bestimmt mich verzehre,
Im Verlangen erlang' ich diese Doppelgluth.
So sei ich Euch, was jeder Einzelne sich selbst ist,
So werdet mir Ihr sein, was mir meine beiden Augen sind.

Nun will ich auch noch die Verse vortragen, welche Jene als den Ausbund aller Ausgelassenheit zuletzt vorlasen:

Blüthen und Fruchtgeflechte, Du, mein Honigmund, und diese Gedichte
schenke ich Dir,
Schenk' Dir Gedichte, Deinem Schutzgeist geflochten.
Gedichte, mein Critias, um den ersehnten Tag zu besingen,
Der Dir im zweimal siebenten Lenz sich erneut,
Kränze jedoch, um am heitern Festtag damit Dein Haupt zu verjüngen,
Und Deine Lebensblüthe mit Blüthen zu schmücken;
Dagegen gieb Deinen Lenz mir für meinen Lenzschmuck.
Du überbiete durch Gegendienste so meine Dienste,
Mache quitt durch Liebesumfangen meine empfangenen Kränze,
Meine Rosengabe durch Deiner Rosenlippen Labe.
Falls Du so die Seele mir begeisterst, weicht mein Geschenk und
Mein Gesang besiegt Deinen honigsüssen Flötenton.

10. Hier, erhabener Maximus, hast Du mein Verbrechen, gleichsam das eines gottlosen Wüstlings, wie meine Ankläger behaupten, das aber in nichts weiter besteht, als in einer Spielerei, die sich um Blumengeflechte und Verse dreht. Hier kann Dir auch nicht entgangen sein, dass, obgleich (die Gegenstände meiner Verehrung) die Knaben andere Namen führen, ich sie Charinus und Critias genannt habe. So mag man mit gleichem Bemühen dem Dichter C. Catullus einen Vorwurf daraus machen, dass er seine Clodia Lesbia genannt, und ebenso dem Dichter Ticidas, dass er sein Liebchen unter dem erdichteten Namen Perilla besang, die doch Metella hiess, und dem Dichter Propertius, der hinter Cynthia den eigentlichen Namen Hostia verbarg. Ferner dem Dichter Tibullus, während ihm der Name Plania in seiner Seele vorschwebte, in seinem Gedichte dafür Delia nennt. Ich für meinen Theil möchte dem C. Lucilius bittere Vorwürfe machen, dass er in seinem in Jamben verfassten Spottgedicht den jungen Gentius und den jungen Macedo in seinem Gesange mit ihrem wahren richtigen Namen der öffentlichen Schande preisgegeben hat. Um wie viel züchtiger endlich ist nun der mantuanische Dichter (Vergil) in (seiner ständchenartigen zweiten Idylle) seinem kurzweiligen Hirtengedichte (Bucolica) verfahren, der ebenso wie ich unter Verschweigung der wahren Namen bei seiner Lobspende auf den (liebreizenden) Knaben seines Freundes (des Dichters) Pollio, diesen zwar Corydon, den (Lieblings-) Knaben aber Alexis

nennt? Aber dieser Aemilianus, ein Kerl, noch ungeschliffener als die Schaf- und Rinderhirten bei Vergil, anerkannt tölpelhaft und unmanierlich, der sich aber für weit sittenstrenger hält, als solche Männer wie C. Atilius Serranus, M. Spurius Dentatus und C. Fabricius Lucinus, dieser behauptet, dass sich derartige Verse für einen Anhänger des Philosophen Plato durchaus nicht schicken. Willst Du das noch einmal behaupten, Aemilianus, selbst wenn ich Dir den Beweis an die Hand gebe, dass meine Verse gerade nach Plato's eigenem Beispiel verfasst sind, von dem ja ausser einigen Liebeselegien sich weiter keine Gedichte mehr vorfinden; denn alle übrigen, weil sie, glaube ich, ihm nicht ebenso anmuthig schienen, vertilgte er durch Feuer. Mache Dich also mit den Versen des Philosophen Plato auf den jungen Aster (d. h. Stern) bekannt, wenn Du alter Bursche übrigens noch lesen lernen kannst.

Blickst nach den Sternen Du hin, mein Stern? O wär' ich der Himmel!
   Hätte ich tausend Stern-Augen zu blicken nach Dir!
Stern, sonst strahltest Du als Phosphoros bei den Lebend'gen,
   Todt, strahlst, Hesperus, Du bei den Gestorbenen nun.

Ebenso das Gedichtchen desselben Plato gemeinsam auf die beiden (lieblichen) Knaben Alexis und Phädros (durch Schaden wird man klug):

Kaum nur hab' ich ihn hübsch genannt, wo er nichts galt,
   Wird er betrachtet und rings zielen die Blicke nach ihm,
Herz, was zeigest Du Hunden den Knochen und schaffest Dir nachher
   Aerger? Und so nun ging Phädrus verloren für Dich.

Und um nicht mehrere anzuführen, will ich nach Erwähnung seines höchst wenig bekannten Verses, zu Ehren des Andenkens an den Syrakusaner Dio gedichtet, zum Schluss gehen.

Ach jetzt ruhst Du, geehrt von den Bürgern im heimischen Boden,
   Dion, welcher mein Herz schwärmen in Liebe gemacht.

11. Allein bin ich nicht gar thöricht, dass ich auch das Alles vor (einem hohen) Gericht anführe? Oder seid Ihr dies vielmehr, Ihr Ränkesüchtigen, die das Alles in ihrer Anklage berühren? Als ob man nach einer dichterischen Spielerei irgend eine Gewähr habe für die Sittlichkeit eines Dichters. Ihr habt wohl nicht gelesen, was Catull (XVI, 5 u. 6) in ähnlichem Falle (einigen) Missgünstigen zur Antwort gab:

   Denn keusch muss sein im Wandel zwar der Dichter
   Selbst: dass aber die Verse, ist nicht nöthig.

Als der erhabene Hadrian das Andenken seines Freundes, den Hügel des Dichters Voconius mit einer Grabschrift ehrte, schrieb er:

In Versen (warst Du) ausgelassen, in Gedanken züchtig.

Diesen (feinen) Unterschied würde er nicht betont haben, wenn die anmuthige Dichtungsart als Beweismittel für Schamlosigkeit gelten könnte. Auch erinnere ich mich, viele Gedichte derartiger Gattung vom erhabenen Hadrian selbst gelesen zu haben. Magst Du also, Aemilian, wenn Du willst, immerhin behaupten, dass das ein unlöbliches Beispiel sei, welches ein Kaiser und strenger Sittenrichter, der erhabene Hadrian, gegeben und als bleibendes Andenken überliefert hat. Glaubst Du übrigens, dass Maximus etwas (missbilligen oder) verdammen werde, wovon er weiss, dass ich mir dabei den Plato zum Muster genommen? Dessen eben von mir beleuchtete Verse um so unschuldiger, je freimüthiger sie sind, um so viel züchtiger in der Fassung, je natürlicher (einfacher) im Ausdruck. Denn alle diese und ähnliche Gefühle zu bemänteln und zu verschleiern, heisst eine sträfliche Handlung, sie frei zu bekennen und vor einer Veröffentlichung nicht zurückzuschrecken, heisst eine scherzhafte Spielerei, da seinem Wesen nach das freie Wort der Schuldlosigkeit zuertheilt bleibt, Verheimlichung dem Schuldbewusstsein.

12. Ich kann es wohl übergehen, die erhabenen und göttlichen Gedanken Plato's anzuführen, bekannt der kleinsten Zahl der Gottesfürchtigen, allein allen Uneingeweihten übrigens unbekannt: dass es eine doppelte Liebesgöttin gebe, dass deren jede durch ihre besondere Liebe, wie durch verschiedene Liebhaber einflussreich waltet. Dass deren Eine die gemeine, da sie der Liebe gewöhnlicher Menschen vorsteht, nicht nur den menschlichen Gelüsten, sondern auch dem zahmen und wilden Vieh zur Ausschweifung Antrieb bietet, und durch maasslos wilde Geschlechtstriebbefriedigung die fleischliche Lust der von dieser Leidenschaft durchdrungenen Wesen wie einen Sclaven in Fesseln gefangen hält; die andere Liebesgöttin aber die Himmlische (ein höheres Wesen), welche der edleren (reineren) Liebe vorsteht, lässt nur allein den Menschen und auch nur den Wenigsten unter ihnen ihre Fürsorge angedeihen, so dass sie ihre Anhänger durch keinerlei Lockmittel oder Blendwerk zur Unsittlichkeit anreizt. Weil nun deren Liebeseinfluss es nicht auf eine ausgefeimte und unzüchtige Befriedigung, sondern im Gegentheil auf eine ungekünstelte und wahrhaft aufrichtige Zuneigung absieht, pflegt sie ihren Liebhabern im Hinweis auf die Herrlichkeit des Seelenadels, d. h. der moralischen Würde nur tugendhafte Handlungen anzuempfehlen, und, im Fall sie sie Gefallen finden lässt an körperlichen Liebreizen, hält sie deren Entweihung (und Befleckung) fern. Denn an den körperlichen Reizen soll man

nichts anderes lieben, als was die gottentsprossenen Seelen an die Herrlichkeit erinnert, welche sie früher als die lautere und reine zu erkennen vermochten (bevor sie noch sich in den Körper begaben und), als sie noch bei den Göttern, d. h. unsterblichen Ursprungs waren. Daher verdanken wir dem **Afranius** in seiner allzeit feinen Art folgende schriftlich hinterlassene Bemerkung:

„Lieb' empfindet der Weise, die Andern nur Brunst."

Wenn Du jedoch die Wahrheit (dieses Ausspruchs zu wissen) verlangst, oder, wenn Du überhaupt je fähig bist, so etwas zu verstehen, so empfindet also der Weise nicht sowohl Liebe, als dass er sich (seiner früheren göttlichen Abstammung nach) deren im Herzen bewusst wird.

13. Verzeihe also immerhin dem Philosophen **Plato** seine Verse über die Liebe, damit ich nicht nöthig habe, zuwider dem Grundsatz des **Neoptolemus** bei **Ennius** (Gell. V 15, 9), meine philosophischen Erörterungen soweit auszuspinnen, oder, wenn Du dies nicht thust, so will ich mir ohne Bedenken in dergleichen Versen in Gemeinschaft mit einem **Plato** Deine Missbilligungen gefallen lassen. Dir aber, erlauchter **Maximus**, weiss ich es reichlich Dank, dass Du auch diese Zugaben meiner Vertheidigung deshalb nicht überflüssig erachtest, weil sie der Anklage heimgezahlt werden, und sie so gespannt mit anhörst. Und deshalb ersuche ich Dich, durch das, was mir vor Entkräftung der (ersten) Hauptbeschuldigung selbst (zu bemerken) übrig bleibt, ebenso bereitwillig und aufmerksam mit anzuhören, wie Du bisher es gethan. Es folgt nämlich jene lange sittenstrenge Rede über den Spiegel, worüber (natürlich), nach der Grässlichkeit solchen Thatbestandes **Pudens** beinahe sich die Lunge gesprengt hat, als er schrie: „Er hat einen Spiegel, der Philosoph **Apulejus**, er besitzt einen Spiegel, der Philosoph **Apulejus**." Gestehe ich also nur gleich zu, dass ich einen solchen habe, damit Du Dir nicht einbildest, in irgend einer Weise mir einen gegründeten Vorwurf gemacht zu haben, im Fall ich mich erst aufs Leugnen legen würde; so entspringt doch daraus noch lange nicht die Nothwendigkeit, dass man von mir annimmt, ich führe einen solchen, um mich gewöhnlich vor dem Spiegel herauszuputzen. Wie z. B., wenn ich eine Theatergarderobenausrüstung besässe, würdest Du nun daraus wohl den Schluss ziehen, dass ich mich einer Tragödenschleppe, eines safrangelben Schauspielerlappens oder zur dreijährigen Bacchusfeier des Harlekinsjäckchens zu bedienen pflege? Im Gegentheil, ich entbehre nämlich viele Dinge dem Besitze nach, der Benutzung nach mag ich sie nicht missen. Wenn nun also weder das Besitzthum als thatsächliches Beweismittel für die Benutzung dient, noch für die Nichtverwerthung die Besitzlosigkeit, und also nicht sowohl der Besitz eines Spiegels weniger Anstoss, weniger Missbilligung erregt, als das sich darin Beschauen, so wird es nöthig sein, dass Du auch darüber Aufschluss giebst, wann und in wessen Gegenwart ich in den Spiegel hinein geblickt habe, weil im gegebenen Falle Du als grösseres Verbrechen den Philosophen es anrechnest, sich im Spiegel zu besehen, als einem Uneingeweihten das mystische Cerestoilettenkästchen zu durchstöbern.

14. Wohlan denn, wenn ich nun auch gestehe, hineingesehen zu haben, was in aller Welt ist es denn für ein Verbrechen, sein Ebenbild kennen zu lernen und dasselbe nicht an einem einzelnen Orte versteckt, sondern wohin Du willst, in einem kleinen Spiegel gleich zur Hand mit sich herum zu tragen? Oder giebst Du Dir die Miene, nicht zu wissen, dass es für den Menschgeborenen nichts Sehenswertheres giebt, als sein Ebenbild? Ich für meinen Theil weiss, dass sowohl (den Eltern) die ihnen ähnlicher sehenden Kinder lieber und werther sind, weiss auch, dass bei jedem, wenn er sieht, dass ihm für seine ersichtlichen Verdienste als Belohnung öffentlich ein eigenes Standbild errichtet wurde, ein gleiches Gefühl obwaltet. Oder was haben die durch die verschiedenen Kunstgattungen nachgebildeten Standbilder und Gemälde für einen anderen Zweck (als den der Aehnlichkeit)? Es müsste denn sein, dass nur das durch Kunstfertigkeit hergestellte Nachbild für lobenswerth gehalten werden soll, allein das auf natürlichem Wege (durch den Spiegel) wiedergegebene als tadelnswerth oder gar strafbar zu erachten sei, wenngleich bei letzterem noch mehr die leicht zu bewerkstelligende Herstellung, als besonders die frappante Aehnlichkeit zu bewundern ist, da ja bei Allen mit der Hand herzustellenden Gegenständen die Mühe längere Zeit aufwendet, und trotzdem die Aehnlichkeit nicht in gleichem Verhältniss steht mit den Spiegelbildern. Denn es geht dem Thon das Lebensgeäder ab, dem Granit (Marmor) die Farbenfrische; dem Gemälde die strenge Genauigkeit im Ausdruck. überhaupt allen der Bewegungswechsel, welcher bei jeder vollkommenen treuen Wiedergabe die Aehnlichkeit ausser Zweifel setzt. Denn in dem Spiegel sieht man das Bild bewundernswerth ähnlich abgebildet, nicht nur, was die Aehnlichkeit betrifft, sondern auch der Bewegungswechsel ist voll entsprechend und angepasst jedem Gesichtsausdruck und Gebärdenspiel von dem betreffenden Individuum — und dasselbe Bild erscheint dem Beschauer bei der Betrachtung gleichalterig von frühester Jugend bis zum Vollzug jedes Alterswechsels. Das Spiegelbild durchwandelt ebenso alle Altersstufen; wie es die verschiedenen Körperstellungen treu wiedergiebt, ebenso giebt es ein getreues, deutliches Abbild beim Ausdruck der Freude oder des Schmerzes. Aber was durch Erz gegossen, oder in Stein gemeisselt (encaustisch) in Wachs geprägt oder durch Färbemittel gemalt und gezeichnet, oder durch eine andere Kunstfertigkeit von menschlicher Hand nachgebildet ist, stellt sich nach nicht langer Zeit als unähnlich heraus und behält nach Art eines leblosen

Körpers immer nur den gegebenen einen und unveränderlichen Ausdruck bei. So übertrifft jene meisterliche unnachahmliche Spiegelglätte und dieser Lichtglanzbildner alle künstlichen Nachbildungen bei Wiedergabe der Ebenbildlichkeit.

15. Oder aber wir müssen endlich allein des Lacedämoniers Agesilaus Ansicht beitreten, der aus Misstrauen über sein Aussehen sich weder malen, noch je in Erz oder Marmor wollte abbilden lassen. Oder wenn es scheint, als sollte man die Sitte aller übrigen Menschen beibehalten und Abbildungen durch Standbilder oder Gemälde nicht verwerflich finden, warum meinst Du wohl, sollte jeder sein Bild eher in Granit (Marmor u. s. w.) als im metallnen, silbernen Spiegel sehen dürfen? Lieber im Gemälde (auf Leinwand) als im Glanze eines Spiegels? Oder findest Du es unsittlich, seine Körpergestalt durch beständige Beschauung aufmerksam zu betrachten? Soll überdies der Philosoph Socrates seinen Schülern nicht angerathen haben, sich selbst häufig in dem Spiegel zu beschauen? Auf dass Jeder unter ihnen, welcher sich durch seine Schönheit zufrieden gestellt fände, reichlich Sorge trüge, damit er nicht den Adel der Gestalt durch schlechte Sitten entehre, hingegen jeder, der sich von seinem weniger empfehlungswerthen Aeussern überzeugt hielt, aus allen Kräften sich bemühe, seine äusseren Unvollkommenheiten durch innere Vervollkommnung in der Tugendhaftigkeit in den Schatten zu stellen. Es bediente sich sogar auch der allerweiseste Mann des Spiegels (als Sittenprediger) zur Sittenvervollkommnung. Wer aber sollte nicht wissen, dass Demosthenes, der ansehnliche Redekünstler, stets vor dem Spiegel, gleichsam wie vor einem Lehrmeister, seine (Gerichts-) Reden sich eingeübt hat? So erholte sich dieser erhabenste Redner, als er aus dem Born eines Plato seine Beredtsamkeit geschöpft, von dem Dialektiker Eubulis die Schärfe in der Beweisführung erlangt hatte, endlich die äusserste Vollendung und Abrundung für seinen Vortrag (wie für die Gebärdensprache) aus dem Spiegel. Meinst Du wohl, es sei eine grössere Sorgfalt auf Wohlanständigkeit beim Vortrag seiner Rede für einen Rhetor in gerichtlichem Streit, oder für einen Philosophen beim Moralpredigen (wenn er gegen die Lasterhaftigkeit loszieht)? (Für den Redner) bei zeitweiser Verhandlung vor den durchs Loos gewählten Richtern oder (für den Philosophen) bei den beständigen Erörterungen im Angesicht aller Welt? Für den Richter beim Streit über das Endziel (und die Grenzen) von Grundstücken, oder (für den Philosophen) bei seinen Vorträgen über den Endzweck (alles Seins) alles Guten und Bösen? Wieso? Weil der Philosoph nicht nur deshalb den Spiegel einsehen und befragen muss. Denn er muss oft nicht nur seine eigene Aehnlichkeit im Gebärdenausdruck reiflich in Betracht ziehen, sondern auch den Grund für diese Aehnlichkeit (sich klar machen). Denn nach dem Ausspruch Epicurs sind die Bilder von uns ausgegangen, gleichwie gewisse Abzüge, welche durch beständige Strömung aus unsern Körpern flossen, wenn sie auf irgend einen glänzend glatten und festen Gegenstand treffen und gebrochen zurückstrahlen, so dass sie, umgekehrt abgebildet, sich von entgegengesetzter Seite entsprechen; oder ob aber nach Erörterung anderer Philosophen unsere Augenlichtstrahlen, entweder mitten aus den Augen fliessend, nach dem sie sich mit dem äusseren Licht vermischt und vereinigt, nach Plato's Annahme (Gell. V, 16) oder nur von unsern Augen ausgegangen, ohne irgend welche äussere Beihülfe von aussenher, nach der Ansicht des Archytas, oder durch Ausdehnung der gebrochenen Luft bewerkstelligt, nach der Stoiker Meinung, wenn sie auf irgend eine dichte glänzende und glatte Körperoberfläche fallen, in gleichen Winkeln wie sie gefallen waren, zurückprallen und zum Gesicht zurückkehren und so, was sie von aussen berühren, das Alles innerhalb des Spiegels abgebildet wird.

16. Meint Ihr denn nun wohl, die Philosophen dürften alle diese Vorgänge ausspüren, durchforschen, und sie allein nur dürften alle Arten von Spiegeln, sowohl feuchte (d. h. Wasser-) Spiegel, wie feste (d. h. Metall-) Spiegel ihrer Betrachtung nicht unterziehen? Ihnen kommt nun auch, ausser den bereits erwähnten Fällen, jene nothwendige Begründung zu, warum in Planspiegeln die erblickten Gegenstände und Spiegelbilder fast gänzlich gleich zu sein scheinen, dagegen in runderhabenen (convexen) das Spiegelbild verkleinert (ekliptisch) erscheint (d. h. kleiner als der sich abgespiegelte Gegenstand), hingegen aber in (concaven oder) Hohlspiegeln vergrössert, in welchem Falle und aus welchem Grunde die Gegenstände zur Rechten mit denen zur Linken versetzt erscheinen; wenn das Abbild beim Entfernen vom Spiegel in demselben bald tiefer zurücktritt, bald bei Annäherung des Gegenstandes an den Spiegel dann deutlich nach vorn herantritt; warum Hohl- oder Brennspiegel, wenn sie der Sonne gegenüber gehalten werden, durch den Brennpunkt den entgegengesetzten Zündstoff entflammen; ferner wie es zugeht, dass der Regenbogen am Wolkenhimmel von verschiedener Färbung schillert und zwei Sonnen am Himmel von gleicher Aehnlichkeit erscheinen. Alles andere derartige will ich übergehen, was der Syrakusaner Archimedes in seinem ganz ausführlichen Werke behandelt, ein Mann, unstreitig in dem ganzen Gebiete der Geometrie durch seinen bewunderungswürdigen Scharfsinn allen Andern bei weitem überlegen; allein ich weiss nicht, ob er gerade deshalb noch mehr erwähnenswerth erscheint, weil er oft und sorgfältig in den Spiegel gesehen hatte. Wenn Du, Aemilianus, dieses Buch kennen würdest, und nicht nur dem Acker- und Erdschollenstaub obgelegen hättest, sondern auch dem Staubsand, womit die geometrischen oder mathematischen Figuren auf dem Tische dargestellt zu werden pflegen, obgelegen hättest, so

glaube mir dieses, obgleich Dein höchst verzwicktes, schauriges Antlitz sich nicht im geringsten unterscheidet von der im Trauerspiel gebräuchlichen abscheulichen Thyestesfratze, so solltest Du doch, wahrhaftig nur aus Verlangen nach Selbsterkenntniss den Spiegel einsehen, Du würdest dann einmal, wenn Du den Pflug verlassen, Dich höchlichst verwundern über so viele Falten und Furchen in Deinem Gesicht. Aber es soll mich nicht wundern, wenn Du es gefällig vorziehst, dass ich mich lieber über dieses Dein verzwicktes, ingrimmiges Gesicht auslasse, über Deine noch weit empörenderen Sitten in Schweigen verharre. Die Sache verhält sich so: abgesehen davon, dass Zank und Zwietracht überhaupt nicht meine Sache ist, bin ich bezüglich Deiner Person bis vor Kurzem von selbst gar gerne in Unkenntniss geblieben, ob Du weiss oder schwarz aussiehst, und wahrlich auch jetzt bin ich noch nicht ganz darüber im Klaren. Das kam nun aber daher, weil einestheils bei Deiner Beschäftigung mit Landbau Du im Dunkel und unbekannt bliebst, ich anderntheils in der Einsamkeit meinen Studien oblag. Deshalb war Dir als Prüfungscommissar (obprobatori) bei Deinem Prüfungsgeschäft Deine völlige Unbekanntschaft nicht hinderlich und kam Dir nur zu statten, und ich anderntheils war nie beflissen irgend Jemandes unrühmliche Thaten auszukundschaften, sondern hielt es für besser, meine eigenen Fehler zu verdecken, als die Fehler Anderer auszuschnüffeln. Daher tritt bei mir Dir gegenüber ein solcher Fall ein, der bei Einem vorkommt, welcher zufällig an einer Stelle von glänzendem Lichte beleuchtet steht, wo der Andere aus seiner Dunkelheit seiner ansichtig wird. Denn auf diese Weise beobachtest Du also, was ich etwa sichtbar öffentlich und vor aller Welt Augen treibe, aus Deiner Dunkelheit heraus, während Du selbst hinwiederum, in Verborgenheit, lichtscheu in Deiner Niedrigkeit versteckt, mir nicht sichtbar bist.

17. Ich zumal weiss weder, ob Du Sclaven zur Ackerbestellung hast, oder selbst wechselseitige Lohnarbeiter mit Deinen Nachbarn austauschest, noch kümmert es mich. Hingegen Du willst wissen, dass ich an demselben Tage zu Oea drei Freigelassene gehabt habe, und dies rückt mir Dein Rechtsanwalt unter anderen ihm von Dir an die Hand gegebenen Beschwerdepunkten vor, obwohl er ein wenig früher gesagt hatte, ich sei nur in Begleitung von einem Sclaven nach Oea gekommen. Darauf nun wünschte ich wohl, Du möchtest mir antworten, wie ich, im Besitz von Einem, habe drei freilassen können, im Fall das nicht auch eins von meinen Hexenkunststückchen ist? Soll ich nun bekennen, ob ich mich mehr wundere über seine grosse Verblendung, oder mehr über seine Gewohnheit im Lügen? Wenn es da heisst: Apulejus kam mit einem Sclaven nach Oea, darauf nach Dazwischenschwätzen weniger Worte: Apulejus liess an einem Tage zu Oea drei

Sclaven frei. Das wäre nicht einmal sehr glaubhaft gewesen, mit drei Sclaven angekommen zu sein, und alle drei freigelassen zu haben; doch wenn ich dies so gethan hätte, warum meintest Du, dass drei Sclaven vielmehr ein Zeichen von Mittellosigkeit, wie drei Freigelassene ein Zeichen von Wohlhabenheit sein sollen? Du verstehst nicht, Aemilian, Du verstehst wahrlich nicht einen Philosophen anzuklagen, da Du mir Unzulänglichkeit der Dienerschaft zum Vorwurf machtest, die ich zu meinem Ruhme hätte ersinnen müssen, da ich wohl wusste, dass nicht nur Philosophen, zu deren Anhänger ich mich bekenne, sondern auch Feldherren des römischen Volkes wegen geringer Zahl der Bedienung berühmt wurden. Haben denn Deine Anwälte nicht einmal diese allgemeinen Thatsachen gelesen? Nicht gelesen, dass der gewesene Consul Marcus Antonius zu Hause nur acht Sclaven gehabt hat? Jener berühmte Machthaber Cn. Papirius Carbo noch einen weniger? Nun gar erst jener durch Auszeichnung für Tapferkeit berühmte M'. Curius Dentatus, der da dreimal durch dasselbe Thor seinen Siegeseinzug hielt! Muss ich ihnen erst sagen, dass derselbe M'. Curius, statt weiterer Dienerschaft, nur zwei Trossknechte im Feldlager mit sich hatte? So hatte dieser berühmte Held und Besieger der Sabiner, der Samniten und des Pyrrhus weniger Sclaven als Triumphe aufzuweisen. Aber M. Cato (der Aeltere) hat nicht erst abgewartet, dass man von anderer Seite von ihm rühmte, sondern in seiner Rede selbst schriftliches Zeugniss hinterlassen, dass, da er als Consul nach Spanien reiste, er aus der Stadt nur drei Sclaven mit sich geführt; nachdem er zum Staatsbürgerhof auf dem Marsfeld gelangt war, sei ihm das zu wenig für seine Verhältnisse erschienen, und er habe auf dem Markte vom Maklertisch weg, wo die Sclaven aufgestellt waren, sich zwei weitere hinzu kaufen lassen. Diese fünf habe er dann mit sich nach Spanien genommen. Wenn Tannonius Pudens hier, der Rechtsanwalt des Aemilianus, diese schriftlich aufgezeichneten Fälle gelesen hätte, dahin geht meine Meinung, würde er von seinem abscheulich verläumderischen Gewäsch Abstand genommen haben, oder wenigstens bei Erwähnung der drei Sclaven es vorgezogen haben, eher den Ueberfluss in der Begleitung eines Philosophen, als die Unzulänglichkeit seinem Tadel zu unterziehen.

18. Ebenso warf dieser mir Armuth und Dürftigkeit vor, ein für einen Philosophen erwünschter und freiwillig von selbst zuzugestehender Vorwurf. Denn einst fühlte sich die Mittellosigkeit bei der Philosophie heimisch. Sparsam, genügsam, bei Wenigem reich, wetteifernd in rühmlicher Wirksamkeit trotz Mangel an Reichthum in Besitz, unbekümmert um äusseren Putz, schlicht in der Lebensweise, wohlrathend bei Entschliessungen, Keinen jemals blähte sie durch Stolz auf, Keinen verdarb sie durch Zügellosigkeit, Keinen verwilderte sie durch Herrschsuchtsgelüste und durch Unmenschlichkeit; der Lust des Leibes und der Brunst will sie weder, noch kann sie sich ergeben, da diese und andere Schändlichkeiten nur Zöglinge des Ueberflusses zu begehen gewohnt sind. Wenn Du alle die grössten Scheusale seit Menschengedenken der Reihe nach durchgehst, wirst Du Keines unter den Mittellosen finden, während dagegen Reiche nicht leicht unter berühmten Männern zu sehen sind. Wer aber unsere Bewunderung erregt in ruhmvoller Tüchtigkeit, den hat sicher Mittellosigkeit von der Wiege an gross gesäugt. Mittellosigkeit und Armuth, sage ich, war schon seit Urzeiten Stifterin aller Staaten, aller Künste Erfinderin, Erbfeindin aller Schandthaten und Verbrechen, Spenderin jeder Ruhmesthat und stand bei allen Völkern in höchsten Ehren. Ebenso bildeten Mittellosigkeit und Armuth bei den Griechen in Aristides den Keim zur Gerechtigkeit, in Phocion zur Güte, in Epaminondas zum Unternehmungsgeist, in Socrates zur Weisheit, in Homer zur Beredtsamkeit; ebenso legte diese Mittellosigkeit auch dem römischen Volke in seinem Uranfange den Grund zur höchsten Reichsgewalt, und dafür opfert sie bis auf den heutigen Tag den unsterblichen Göttern in einfacher Schöpfkelle und in irdener Räucherpfanne. Gesetzt den Fall es sässen wegen des gegenwärtigen Rechtsfalles C. Fabricius, Cn. Scipio, M'. Curius, deren Töchter wegen ihrer Mittellosigkeit auf Staatskosten beschenkt zu ihren Gatten gingen, ausgerüstet mit dem Familienruhm und der Staatsbelohnung, Publicola, der Vertreiber der Könige, und Menenius Agrippa, der Beschwichtiger des Volksaufstandes, deren Beider Bestattung wegen Mittellosigkeit vom römischen Volke durch eine geringe Beisteuer mit dem Nöthigen bewirkt wurde, Atilius Regulus, dessen kleiner Grundbesitz wegen seines Vermögensmangels auf Staatskosten bebaut wurde, endlich alle jene alten längst entschlafenen Geschlechter, geschmückt mit der Consulwürde, mit dem Sittenrichteramt, mit den Ehren eines Triumphs, nach kurzer Gewährung des Lebenslichtes und der Rückkehr aus dem Grabe, zu dieser Gerichtssitzung entlassen, hörten die Verhandlung mit an, würdest Du auch dann noch die Frechheit haben, einem Philosophen in Gegenwart so vieler mitteloser Staatsoberhäupter die Mittellosigkeit vorzuwerfen?

19. Oder scheint Dir Claudius Maximus ein geeigneter Zuhörer zu sein, wenn Du wagst, die Mittellosigkeit lächerlich zu machen, deshalb, weil ihm durch ein glückliches Loos von Haus reichliches und ergiebiges Besitzthum zugefallen ist? Du befindest Dich im Irrthum, Aemilian, und täuschest Dich in Erwartung seines Charakters, wenn Du ihn bemissest nach der Gunst zeitlichen Glücks, nicht nach der Strenge philosophischer Grundsätze, wenn Du meinst, dass ein Mann von so strenger Zucht in so langer Dienstzeit ergraut, nicht der Einschränkung und Genügsamkeit, sondern der Ueppigkeit und dem Ueberfluss geneigt sei und das

Glück wie ein Kleid billige, ein harmonisch abgemessenes, mehr als ein zu langes, weil ein solches, wenn es sich nicht bequem tragen lässt und nachgeschleppt wird, ebenso sehr als ein Kleid, das vorn herabhängt, hinderlich ist und leicht zum Sturz Veranlassung giebt. Denn Alles, was bei angestammten, täglichen Lebensbedürfnissen das gehörige Maass überschreitet, dient mehr zu einer Belästigung als zum Nutzen, daher auch unmässige Schätze wie ungeheure und übergrosse Steuerruder das Schiff mehr in den Grund ziehen als lenken, weil ihre Schwere nur hinderlich und ihre Ueberladung nachtheilig wirkt. Ja sogar unter den Wohlhabenderen sehe ich vorzüglich diejenigen Lob ernten, die, ohne Geräusch, durch mässige Lebensweise, im Stillen ohne Prunk mit ihren Mitteln wirken und der Verwendung ihrer grossen Güter ohne Prahlerei, ohne Stolz leben, dem äusseren Anschein nach, mit der Einfachheit bescheidener Bemittelter. Wenn nun auch den Reichbemittelten zum Beweis der Bescheidenheit gewissermaassen der Schein und ein Anstrich der Einschränkung sich nöthig erweist, warum sollen wir Geringbemittelten uns solcher Armuth und Einschränkung zu schämen haben, die wir sie nicht nur dem Scheine nach, sondern in Wahrheit zu ertragen verstehen?

20. Ich könnte mit Dir auch noch über den Begriff der Armuth in Streit gerathen bei der Behauptung, dass Niemand von uns für arm zu halten sei, der nicht nach Ueberflüssigem verlangt, der das nur nöthig hat, was der Natur nach aus sehr Wenigem besteht. Denn der wird das meiste haben, der das Wenigste begehrt. Wer wenig begehrt, hat soviel als er will. Und deshalb werden Reichthümer nicht besser nach dem Maassstab des Grundbesitzes und des Zinsengenusses abgeschätzt, als nach dem jedesmaligen menschlichen Anspruchsgelüste; denn wenn Einer aus reiner Habsucht sich bedürftig verkommt und bei allem Gewinn unzufrieden bleibt, der wird mit Bergen von Gold nicht gesättigt und zufriedengestellt werden, sondern immer etwas dazu erfinden, um das vorher Erworbene noch zu vermehren; und das ist ja wohl so recht das wahre Eingeständniss des Bedürfnissgefühls. Denn jedes Verlangen nach Erwerb entspringt aus der Empfindung eingebildeten Mangels, und es steht ausser Betracht, wie viel das sei, was Dir immer noch zu wenig gilt. Die Grösse und Unerreichbarkeit des Dir immer noch Fehlenden kommt bei Dir nicht in Betracht. Philus besass nicht so grosses Vermögen wie Laelius, und Laelius nicht wie Scipio, noch Scipio wie Crassus, der Reiche genannt; allein auch selbst der reiche Crassus hatte noch nicht so grosses Vermögen, als er sich wünschte, und so wurde er, obgleich er alle Andern an Besitz überragte, von seiner eigenen Habgier noch übertroffen und schien allen Andern noch mehr reich als sich selbst. Allein dagegen die erwähnten Philosophen, da sie nicht über das Mögliche mehr begehrten, sondern in harmonischer Uebereinstimmung der Wünsche und Besitzthümer sich fühlten, waren nach Recht und Billigkeit reich beglückt und innerlich zufrieden. Arm wird man aus Bedürfniss nach mehr Besitz, reich aus Genügsamkeit und Bedürfnisslosigkeit, weil allerdings Armuth in Begehrlichkeit, Reichthum im Ueberdruss sich kundgiebt. Wenn Du, Aemilianus, also willst, dass ich für arm gehalten werde, so musst Du nothwendiger Weise erst vorher darthun, dass ich geizig sei, d. h. dass ich mehr begehre, als ich habe. Weil mir aber von den geistigen Gütern nichts abgeht, kümmert's mich nicht, wie viel mir von den äusseren irdischen Gütern fehlt, deren Ueberfluss nicht Ruhm und Ehre erwirbt, ebensowenig, als Schande im Mangel liegt.

21. Allein denke Dir den entgegengesetzten Fall und nimm an, dass ich deshalb arm sei, weil mir das Glück seine Güter missgünstig vorenthielt und diese, wie es in der Regel geschieht, mir entweder ein Vormund schmälerte, oder ein Feind entriss, oder der Vater nicht hinterliess. Sollte nun einem menschlichen Wesen Mittellosigkeit bei seiner Geburt zum Vorwurf gemacht werden, was keinem von den Thieren als Schuld angerechnet wird, nicht dem Adler, nicht dem Stier, nicht dem Löwen? Wenn sich ein Ross durch seine vortrefflichen Eigenschaften auszeichnet, wenn es nämlich ein gleichmässiger Gänger, ein behender Traber ist, so rückt ihm Niemand Futtermangel vor; und Du willst mir, der ich mir weder irgend eine Schlechtigkeit im Handeln noch im Reden zu Schulden habe kommen lassen, einen Vorwurf machen, nur weil ich am ärmlichen Herd lebe, weil ich weniger Diener halte, kärglicher auch mich nähre, mich einfach kleide, weniger Schmausereien veranstalte? Aber so wenig Dir das auch scheinen mag, ich halte es im Gegentheil für viel, sogar schon für zu viel und begehre mich auf noch viel weniger einzuschränken; ich werde mich dann in Zukunft um so viel glücklicher fühlen, je mehr eingezogen und eingeschränkt ich lebe. Denn das Wohlsein des Geistes wie des Körpers ist zu Unternehmungen aufgelegter, das Schwächebewusstsein fühlt sich daran gehindert. Es ist ein untrügliches Zeichen des Schwächegefühls, viele Bedürfnisse zu haben. Mit einem Worte, gerade wie beim Schwimmen, so ist derjenige geeigneter, sich leicht auf dem Strome des Lebens zu erhalten, welcher weniger beladen und frei von jeder Bürde ist. So sind in dem Sturme dieses Lebens leichte Körper mehr angethan, um sich oben zu halten, die schweren um unterzusinken. Ich für meinen Theil habe gelernt, dass die Götter vor dem Menschen darin am Meisten den Vorrang haben, weil sie Nichts zu ihrem eigenen Bedarf benöthigen. Deshalb wird der unter uns der Gottheit um so ähnlicher werden, der am Wenigsten bedarf.

22. Deshalb halte ich mich zu Dank verpflichtet, weil ihr mir als Schmach vorhieltet, dass mein ganzer Besitz in einem Ranzen und einem Stock bestanden habe. O wäre ich doch von solcher Geistesgrösse, dass ich ausser diesem einzigen Hausrath nach weiter gar nichts Verlangen hegte, sondern diese Ausstattung mit Würde trüge, welche Crates aus freien Stücken nach Hingabe aller seiner Schätze verlangte. Crates, sage ich, wenn Du meinen Worten Glauben schenkst, Aemilianus, dieser Crates, zu Hause unter den vornehmsten Thebanern reich und hochgeehrt, aus Vorliebe für solche einfache Ausstattung, die Du mir zum Vorwurf machst, schenkte all sein grosses und bedeutendes Besitzthum dem Volke, entliess die vielen Sclaven aus seinem Dienste und wählte die Einsamkeit; seine vielen und fruchtbaren Bäume verschmähte er um einen einzigen Stab; seine herrlichen Landhäuser vertauschte er um einen einzigen kleinen Ranzen, den er, als er dessen nützlichen Zweck erkannte, auch in einem Gedichte pries, in Nachahmung der bekannten Verse Homers (Od. XVI, 172), worin Jener die Insel Creta feiert. Ich will Dir den Anfang davon anführen, dass Du nicht meinst, dies zu meiner Vertheidigung erdacht zu haben:

> Pera, die Stadt, ist mitten im schwarzen Rauche gelegen,
> (Schön ist sie und fett).

Nun übergehe ich das übrige, das so staunenswerth ist, dass Du, wenn Du es gelesen hättest, mich mehr wegen des Ranzens, als wegen der Verehelichung mit Pudentilla beneidet haben würdest. Ranzen und Stock machst Du den Philosophen zum Vorwurf, Du müsstest also auch den Reitern den Pferdeschmuck, den Bannerträgern die Fähnlein und endlich den Triumphirenden das glänzend weisse Viergespann und das reichgestickte Staatskleid vorrücken. Das sind nicht Schmuckgegenstände der Schule Plato's, sondern Abzeichen der Cyniker. Allein Ranzen und Stock, das galt dem Diogenes und Antisthenes, was den Königen das Diadem, was den Oberbefehlshabern der Feldherrnmantel, was den Oberpriestern die Priesterkappe, was Auguren der Krummstab war. Der Cyniker Diogenes mit Alexander d. G. im Wechselgespräch über seine wahre und naturgemässe Machtvollkommenheit, that sich an Stelle des Scepters viel zu Gute auf seinen Stock. Endlich der unüberwundene Hercules, weil alle diese gleichsam als Bettelvölkchen verächtlich erscheinen, selbst Hercules, sage ich, der Durchwanderer des Erdballs, der Säuberer von wilden Thieren, der Völkerbezwinger, da er die Welt durchstreifte, bevor er wegen der Eigenschaften seiner Tapferkeit in den Himmel aufgenommen wurde, hatte keine weitere Bekleidung als ein Löwenfell und keine weitere Begleitung als eine Keule.

23. Wenn Du alle diese Beispiele für nichts erachtest und mich nicht zur Vertheidigung meines Rechts, sondern zur Auseinandersetzung über meinen Vermögensbesitz hast vorladen lassen, so will ich, um Dich etwas über meine Vermögensverhältnisse aufzuklären, wenn Du noch nichts darüber weisst, Dir nur offen bekennen,

dass mir und meinem Bruder etwas weniger als 200,000 Sesterzien hinterlassen wurden, ein Vermögen, welches von mir durch weite Reisen, durch lange Studien und durch häufige Freigebigkeitshandlungen um ein ziemlich gutes Theil vermindert worden ist. Denn ich brachte nicht nur vielen meiner Freunde Hilfe, sondern trug auch den meisten Lehrern Dank ab, deren Töchter ich auch durch Spende eines Heirathsgutes bereicherte, und ich würde selbst keinen Anstand genommen haben, sogar mein ganzes väterliches Erbtheil aufzuwenden, um mir, was höher steht, zu erwerben, nämlich die Geringschätzung meines Erbtheils. Du aber, Aemilianus, und das Gelichter Deiner Art, ungebildet und bäurisch, ihr geltet wirklich nur so viel als ihr besitzt, wie ein unfruchtbarer, arger Unglücksbaum, der keine Frucht von sich hervorbringt, der so hoch im Preise steht, wie hoch das Holz an seinem Stamme zu stehen kommt. Jedoch unterlass' es später, Aemilian, Jemandem seine Armuth vorzuwerfen, der Du erst neulich ein Grundstückchen bei Zarath, das Dir Dein Vater als einziges hinterlassen hatte, allein mit einem Esel bei Regenzeit in drei Tagen aufpflügtest. Es ist nicht lange her, dass häufige Todesfälle in der Verwandtschaft durch unerwartete Erbschaften Dich auf die Beine brachten, woher Dir vielmehr, als Deines höllischen Aussehens halber der Spitzname Charon ertheilt wurde.

24. Was Du mir aber über mein Vaterland vorhältst, weil Du sagst, dass es an der Grenzscheide von Numidien und Gaetulien liegt, aus meinem schriftlichen Nachweis, wobei ich mich selbst als Halbnumidier und Halbgaetulier frei bekannt habe, als ich in Gegenwart des erlauchten Lollianus Avitus meinen öffentlichen Vortrag hielt, so kann ich nicht ausfindig machen, wie mir das deshalb zur Schande gereichen soll, ebensowenig, als Cyrus dem Aelteren, weil er von doppelter Abstammung war, ein Halbmeder und Halbperser. Denn nicht wo Jemand geboren, sondern wie er seinem Charakter nach geartet ist, darauf hat man zu achten, und es ist nicht weiter zu überlegen, in welcher Gegend er geboren, sondern nach welchem Plane er seinen Lebenswandel angetreten hat. Dem Küchengärtner und dem Gastwirth ist es gestattet, Gemüse und Wein nach der Güte des Bodens anzupreisen: Wein aus Thasus, Gemüse von Phlius, weil des Bodens Ernährungskraft viel zum besseren Geschmack beiträgt, sowohl der fruchtbare Landstrich, wie feuchte Atmosphäre, milde Luft, warme Sonne, saftig fetter Boden. Aber was kann der von aussen in die Leibesherberge einziehenden Menschenseele von diesem Zubehör zur Vermehrung der Tugendhaftigkeit oder Nichtswürdigkeit zugeführt werden? Wann wurden nicht bei allen Völkern verschiedene Geistestalente geboren, wenn auch einzelne Landesstriche sich mehr oder weniger durch Dummheit oder Geschicklichkeit besonders auszuzeichnen schienen? Bei den höchst geistesarmen Scythen wurde der weise

Anacharsis geboren, bei den klugen Athenern der dumme Meletides; und ich habe das nicht deshalb erwähnt, weil ich mich über mein Vaterland beklagen wollte, obwohl wir bisher eine Stadt des numidischen Königs Syphax waren, nach dessen Besiegung wir jedoch durch Geschenk des römischen Volkes an den König Masinissa kamen, und endlich, durch eine neue Gründung alter gedienter Krieger, eine blühende Colonie geworden sind. In dieser Colonie bekleidete mein Vater, nachdem er mehrere Ehrenämter verwaltet hatte, das hohe Amt eines Duumvir, dessen Stelle ich, als nicht aus der Art geschlagen, in jenem Freistaat, seitdem ich ins Richteramt aufgenommen wurde, wie ich hoffe, mit gleichem Ansehen und Achtungserfolg behaupte. Warum ich alle diese Einzelheiten angeführt habe? Damit Du, Aemilian, mir nachher weniger böse bist und mir vielmehr Verzeihung ertheilst, wenn ich aus Gleichgültigkeit gegen die Wahl eines Geburtsortes, zufällig nicht gleich Dein vermeintlich attisches Zarath ausgesucht habe und dort das Licht der Welt erblickte.

25. Schämet Ihr Euch denn nicht, solche Beschuldigungen vor den Ohren eines solchen Mannes in so vollem Ernst mir vorzuwerfen, so Abgeschmacktes und unter sich Widersprechendes aufzutischen, und beides zugleich der Missbilligung zu unterziehen? Oder hat Eure Anklage etwa nicht soviel als möglich Widersprüche enthalten? Ranzen und Stab dient Euch zum Vorwand, mir sauertöpfisches Wesen vorzuwerfen; Gedichte und Spiegel werft Ihr mir vor wegen meiner Ausgelassenheit, einen Diener zum Beweis für meine Knauserei, drei Diener für meine Verschwendungssucht; ausserdem wollt Ihr meine grosse Beredtsamkeit, meine gewöhnliche afrikanische Abstammung brandmarken? Auf, Ihr Träumer, erwacht denn endlich und denkt, dass Ihr Eure Verhandlungen vor dem Claudius Maximus, vor diesem strengen Manne führt, der Besseres zu thun hat und von den Staatsangelegenheiten der ganzen Provinz in Anspruch genommen wird! Auf, sag' ich, wollt Ihr Eure nichtssagenden und grundlosen Vorwürfe bei Seite lassen? Wollt Ihr nicht Beweise beibringen dafür, was Ihr erdichtet habt, für die unmenschlichen Verbrechen, für die unerlaubten Schandthaten und verruchten Kunstkniffe? Warum ist Eure Rede an thatsächlichen Beweisen so matt und so stark an gewaltigem Lärm?

Ich gehe nun über zur Beschuldigung der Bezauberung, die Ihr mit so grossem Geräusch zum Vorwurf gegen meine Person in grelles Licht gesetzt, die aber durch allseitig getäuschte Erwartung, durch Eure unsäglichen Altweibermärchen verrauchte. Hast Du, Maximus, wohl nicht schon ein Strohfeuer gesehen mit hellem Geprassel, breitem Feuerschein, unter schnellem Wachsthum, doch von leichtem Brennstoff, von vergänglicher Gluth und ohne Ueberbleibsel? Sieh', das ist das Bild von der merkwürdigen Anklage, die mit Zank und Streit begann, durch Wortschwall vergrössert, an Ueberführungsgründen mangelhaft ist, von der, nach dem von Deiner Seite erfolgten Rechtsspruch, erhabener Maximus, keine Spur übrig bleiben wird. Die ganze Anklage gipfelte sich in der einzigen Absicht, darzulegen, ich sei ein Magier oder Zauberer, und deshalb beliebt es mir, die Frage aufzuwerfen und von seinen höchst unterrichteten Anwälten zu erkunden, was ein Magier ist? Denn wenn, was ich bei vielen Schriftstellern gelesen habe, in der Sprache der Perser derjenige ein Magier ist, der in unserer Sprache Priester bedeutet, wie soll denn das für ein Verbrechen gelten, ein Priester zu sein, und richtig zu erkennen, zu wissen und zu verstehen die Vorschriften der heiligen Gebräuche, die Berechtigung des Opferdienstes, das Recht der Glaubenssatzungen? Wenn nämlich das Zauberkunst heisst, was Plato mit Gottesdienst benennt, wenn er erwähnt, in welchen Kenntnissen die Perser einen heranwachsenden Prinzen in der Hoffnung und Aussicht auf einstige Herrschaft unterrichten. Ich erinnere mich der Worte des göttlichen Mannes, die Du Dir, erlauchter Maximus, mit mir ins Gedächtniss zurückrufen magst: „Sind zwei mal sieben Jahre verflossen, so übernehmen die sogenannten königlichen Erzieher den Knaben." Dies sind vier ausgewählte Personen, die für die Ausgezeichnetsten gelten und in der Blüthe der Jahre stehen: der Weiseste, Gerechteste, Mässigste und Tapferste. Von diesen unterrichtet ihn der Eine in den Geheimlehren des Zoroaster, des Sohnes des Oromazes. Das ist nämlich der Gottesdienst; er unterrichtet ihn auch in den königlichen Geschäften.

26. Habt Ihr wohl gehört, dass die Magie, welche Ihr unüberlegt als Anklagepunkt ausersehen habt, eine den unsterblichen Göttern angenehme Kunst ist, die sich gar sehr auf die rechte Gottesverehrung und Gottesfurcht versteht, weil ihr Wesen in Frömmigkeit besteht und sie göttlicher Satzungen kundig ist, seit der Zeit ihrer Begründung durch Zoroaster und Oromazes im höchsten Ansehen als priesterliche Vertreterin der Himmlischen? Da sie unter den Herrscherpflichten zu allererst gelehrt wird und bei den Persern nicht leicht gestattet ist, ein Magier zu sein, ebenso wenig als ein König. So lautet bei Plato in einem anderen Gespräch über einen gewissen Zalmoxis thracischer Abstammung, über einen Mann, in derselben Kunst bewandert: „Es werde aber die Seele, mein Bester, vermöge gewisser Zaubersprüche behandelt, und diese Zaubersprüche seien die guten Reden." Wenn sich das also verhält, warum soll es mir nicht erlaubt sein, die Weisheitslehren des Zalmoxis, oder die Andachtsübungen, den Priesterdienst des Zoroaster zu verstehen? Wenn aber nach einer Alltagsgewohnheit diese meine Ankläger den für einen Magier halten, der durch gemeinschaftlichen Verkehr mit den unsterblichen Göttern, bei allen seinen Wünschen, durch eine gewisse unglaubliche Gewalt der Zauberkünste, viel durchzusetzen vermag, so muss ich mich sehr

wundern, dass sie ihre Anklage furchtlos gegen Einen erheben, dem sie so gewaltiges Können zugestehen. Giebt es denn keine Vorsichtsmaassregeln, wodurch eine solche verborgene überirdische Macht wie auf gleiche Weise in vielen anderen Fällen verhütet werden kann? Wer einen Meuchelmörder vor Gericht ruft, erscheint mit entsprechendem Geleite; wer einen Giftmischer anklagt, speist mit grösster Vorsicht; wer einen Dieb bezichtigt, bewacht sein Eigenthum. Allein wer einen Magier, was diese darunter verstehen, auf Gefahr über Leben und Tod abführt, durch welche Leibtrabanten, durch welche Vorsichtsmaassregeln, durch welche Wachmannschaften soll der seinen verborgenen und unvermeidlichen Untergang abwehren? Wahrscheinlich durch nichts. Deshalb würde wohl einer, der an eine derartige Zaubermacht glaubt, sich nicht einfallen lassen, einen Klagantrag zu stellen.

27. Allein alle diese Beschwerden werden nach einer so allgemeinen Verblendung Unwissender den Philosophen zum Vorwurf gemacht, damit sie theils die, welche die lauteren und einfachen Ursachen der Körper (Atome) durchforschen, für gottlos halten und deshalb von ihnen sagen, dass sie die Götter läugnen, wie den Anaxagoras, den Leucippus, den Democrit, den Epicur und die andern Vertheidiger der Sinnenwelt; theils aber die, welche die weltliche Vorsehung mit Wissbegierde aufspüren und angelegentlich die Götter verehren, diese gewöhnlich Magier nennen, als ob sie zu bewerkstelligen verständen, was durch göttliche Vorsehung geschieht. Unter denen waren ein Epimenides, Orpheus, Pythagoras, Ostanes. Und später verdächtigte man Empedocles wegen seiner Reinigungsopfer, den Socrates wegen seines Schutzgeistes, Plato wegen seines höchsten Gutes. Ich wünsche mir daher Glück, dass ich so vielen grossen Männern zugezählt werde. Uebrigens fürchte ich, dass Du alle diese ungereimten, thörichten, läppischen Scheinbeweise, welche mir von jenen zur Begründung des Verbrechens der Zauberei vorgeworfen worden sind, nicht deshalb nur für Verbrechen hältst, weil sie mir vorgeworfen wurden. Da heisst es: „Warum suchtest Du gewisse Sorten von Fischen?" Als ob einem Philosophen dies der Aufklärung halber zu thun nicht erlaubt sei, was einem Schwelger aus Leckerhaftigkeit gestattet ist! „Warum heirathete eine freigeborene Frau Dich nach dreizehnjährigem Wittwenstand?" Als ob es nicht mehr zu verwundern sei, dass sie während so vieler Jahre ledig blieb! „Warum schrieb sie, bevor sie sich mit Dir vermählte, ich weiss nicht, wie ich es bezeichnen soll, ihre Ansicht?" Als ob Jemand verpflichtet sein sollte, seine Gründe gegen eine fremde Ansicht anzugeben! Aber obgleich älter, verschmähte sie nicht den jüngeren Mann; sonach bietet selbst dieses Beweismittel keine Nothwendigkeit für Annahme der Zauberei, dass eine Frau einen Mann zu ehelichen verlangte, eine Wittwe einen Ehelosen, eine Aeltere einen Jüngeren. Derartig hinfällig ist nun auch das Weitere: „Apulejus hat zu Hause einen Gegenstand, den er im Geheimen verehrt." Als ob nicht vielmehr das ein Verbrechen wäre, keinen Gegenstand der Verehrung zu haben! „In Gegenwart des Apulejus fiel ein Knabe um." Was würde es auf sich haben, wenn in meinem Beisein ein Jüngling umgefallen wäre, oder auch ein Greis, im Anfall körperlichen Unwohlseins, durch Ausgleiten auf schlüpfrigem Boden? Durch solche Beweismittel wollt Ihr mir das Verbrechen der Zauberei nachweisen? [Durch das Hinfallen eines unreifen kleinen Jungen, durch die Ehe mit einer Frau, durch ein Gericht von Fischen.]

28. Ich könnte eigentlich ohne grosse Gefahr auch mit dem bereits Gesagten zufrieden, zum Schluss übergehen. Weil mir aber im Vergleich zur Länge Eurer Anklage noch reichliche Zeit nach der Wasseruhr übrig bleibt, nun wohlan, wenn es genehm ist, will ich die Einzelheiten der Beschuldigung noch etwas näher beleuchten. Und so will ich alle diese Vorwürfe, ob sie wahr, ob sie falsch sind, frei eingestehen, und als wenn es ausgemachte Thatsachen wären, offen bekennen, damit die ganze grosse Versammlung hier, welche allerorts her zum Zuhören gekommen ist, deutlich erkennen mag, dass gegen die Philosophen nichts mit Grund der Wahrheit gesagt werden, sondern nicht einmal fälschlicher Weise erdichtet werden könne, was sie nicht im Vertrauen auf ihre Unschuld, obgleich ihnen möglich wäre, es abzuläugnen, vielmehr in der Lage sein sollten, in Schutz zu nehmen. Zuerst werde ich also ihre Beweise entkräften und widerlegen, dass diese sich nicht auf die Zauberei beziehen; alsdann, sollte ich auch wirklich ein Zauberer sein, will ich zeigen, dass weder eine Ursache noch eine Gelegenheit gewesen sei, dass man mich bei irgend einer Hexerei ertappte. Dabei will ich auch über die ungerechtfertigte Missgunst, über den falschen Vortrag und die noch weit nichtswürdigere Ausdeutung der Briefe meines Weibes und über meine Ehe und die der Pudentilla des Weiteren mich ergehen und will klar zeigen, dass dieses Unternehmen der Vertheidigung mehr aus moralischer Verpflichtung als aus Gewinnsucht entsprungen ist. Diese unsere Ehe flösste dem Aemilian ganz unglaublich grosse Angst und entsetzliche Unruhe ein. Daher entstammt die ganze Erbitterung, das Ungestüm, endlich die Tollkühnheit dieses Anklageunternehmens. Wenn ich alle diese Punkte offen und deutlich klar gelegt haben werde, dann werde ich endlich Dich, Claudius Maximus, und alle Anwesenden zu Zeugen anrufen, dass jener Knabe, Sicinius Pudens, mein Stiefsohn, unter dessen Namen und Zustimmung ich von seinem Oheim angeklagt werde, ganz kürzlich meiner Fürsorge entrissen wurde, nachdem sein älterer und sittlich besserer Bruder das Zeitliche segnete. Es liegt nun die Vermuthung nahe, dass dieser Knabe gegen mich und seine Mutter auf ruchlose Weise aufgehetzt wurde, und nicht durch mein Verschulden, sondern durch Aufgeben wissenschaftlicher Beschäftigung und Verschmähung jeden Unterrichts nach den verruchten Anfangsversuchen dieser Anklage weit mehr seinem Oheim Aemilianus, als seinem verstorbenen älteren Bruder werde ähnlich werden.

29. Nun bin ich entschlossen und will zur Beantwortung aller der wahnwitzigen Beschuldigungen des Aemilianus schreiten, nachdem ich den Anfang damit gemacht, was sich auf den Verdacht der Zauberei bezieht, den Du gleichsam als den gewaltigsten Vorwurf als Eingangsbeweis mit der Bemerkung beginnst, dass ich mir einige Arten von Fischen durch Fischer für Geld zu verschaffen gewusst habe. Welcher von beiden Punkten ist im Stande, den Verdacht der Zauberei zu bestätigen? Etwa weil Fischer auf meine Veranlassung einen Fisch aufgesucht haben? Ich hätte am Ende wohl gar Goldstickern oder andern Handwerksleuten diesen Auftrag ertheilen müssen? Und so hätten Verrichrichtungen der einzelnen Kunstfertigkeiten unter einander ausgetauscht werden müssen, hätte ich Euren Verläumdungen entgehen wollen, dass ein Schmied hinwiederum mit dem Züggarn mir den Fisch heraus angelte, dass ein Fischer mir hingegen ein Holz glättete. Oder habt Ihr daher ersehen, dass zur Zauberei Fische gesucht werden, weil sie für Geld gesucht wurden? Ich glaube, wenn ich sie zur Mahlzeit hätte haben wollen, hätte ich sie unentgeltlich gesucht. Warum beschuldigt Ihr mich denn nicht auch wegen vieler anderer Dinge? Denn sehr oft hab' ich sowohl Wein wie Gemüse, Obst und Brod um Geld gekauft. Auf diese Weise verurtheilst Du alle Leckerbissenhändler zum Verhungern. Denn wer wird wagen, Speise von ihnen einzukaufen, wenn nämlich verordnet wird, dass alle Esswaaren, welche durch Bezahlung angeschafft werden, nicht für das Mahl, sondern nur zum Zweck der Zauberei begehrt werden? Wenn nun kein Verdachtsgrund übrig bleibt, weder in Betreff der Fischer, die durch Kaufgeld zu ihrem gewöhnlichen Beruf, zum Fischfang veranlasst wurden, der besagten Fischer also, von denen sie, merkt wohl auf, auch nicht einen Einzigen zur Zeugenaussage vorführten — da es keine gab — noch in Betreff des Preises selbst für das Verkaufsobject, von dem sie keine bestimmte Werthsumme angaben, damit, wenn sie einen zu niederen Preis genannt hätten, er unbeachtenswerth geblieben, oder wenn einen zu hohen Preis, er unwahrscheinlich erschienen wäre: Wenn nun, wie gesagt, in allen diesen Schlussfolgerungen kein Verdachtsgrund vorliegt, so mag mir Aemilianus Rede und Antwort stehen, durch welches offenkundige Vorzeichen er zu meiner Anklage auf Zauberei veranlasst worden sei.

30. Fische, sagt er, suchst Du. Ich will's nicht läugnen. Aber ich bitte Dich, ist ein solcher, der Fische sucht, ein Zauberer?

Ich meine, das könnte man von ihm ebenso wenig behaupten, wie von einem, der Hasen oder Eber oder Geflügel sich zu verschaffen sucht. Oder besitzen Fische etwas Geheimes für Andere, nur den Zauberern bekanntes? Wenn Du weisst, was das ist, bist Du wahrlich selbst ein Zauberer. Wenn Du es nicht weisst, so bleibt nur übrig, einzugestehen, dass Du um eine Sache Klage erhebst, die Dir unbekannt ist. Ihr müsst ja so unerfahren in allen Wissenschaften, endlich in allen allgemein bekannten Volkssagen sein, dass Ihr nicht einmal im Stande seid, diese Eure Erdichtungen mit einem Schein von Wahrscheinlichkeit zurecht zu stutzen. Wie ist zur Liebesgluthentflammung ein unvernünftiger und kalter Fisch fähig oder überhaupt ein aus dem Meere hergeholter Gegenstand? Wenn Euch nicht vielleicht der Umstand zu dem Lügengewebe veranlasst hat, dass von der Venus behauptet wird, sie entstamme dem Meere. Wenn Du willst, so höre, Tannonius Pudens, wie weit Deine Unwissenheit geht, da Du den Beweis der Beschuldigung von den Fischen hergenommen hast. Allein hättest Du den Vergil (ecl. VIII, 64—82) gelesen, so würdest Du wahrlich gewusst haben, dass zu einem solchen Beweis gewöhnlich andere Hülfsmittel erforderlich sind. Dieser berühmte Dichter zählt her: Weiche Binden, saftige, giftige Kräuter, kräftigen Weihrauch, buntfarbige Faden, knisterndes Lorbeerreis, harten Thon, schmelzbares Wachs; ebenso schreibt derselbe in seiner späteren Dichtung (Aen. IV, 513): „Kräuter, vollsaftige, auch werden gesucht beim Mondschein, mit erzerner Sichel gemäht, voll von milchdunkelen Giftes, auch wird gesucht das Liebesgewächs, das man der Stirn des neugeborenen Füllens abriss und der Mutter wegnahm." Aber Du, dem mein Einkauf von Fischen Veranlassung zur Anklage gab, schreibst den Zauberern die allerwidersprechendsten Werkzeuge zu, nicht der Stirn der zarten Jungen abzustreifen, sondern dem schuppigen Rücken abzuschaben, auch nicht dem Boden zu entreissen, sondern aus der Meerestiefe herauszuziehen, ferner nicht durch Sicheln zu mähen, sondern durch Angeln anzuhaken. Endlich führt jener Dichter Gift beim Zauberhandwerk an und Du Fleischspeise, jener Kräuter und Setzlinge, Du Schuppen und Gräten; jener pflückt die Wiese ab, Du durchstöberst die Fluth. Ich hätte Dir gegenüber auch noch einige Beispiele von Theocrit erwähnen, einige von Homer und viele von Orpheus, aus griechischen Lust- und Trauerspielen und aus der Geschichte vieles berholen sollen, wenn ich nicht vorher die Ueberzeugung gewonnen hätte, dass Du ausser Stand warest, den Brief der Pudentilla richtig zu lesen. Ich will einen lateinischen Dichter anziehen. Die Verse werden Die wiedererkennen, welche den Laevius gelesen haben:

„Spür' aus Dir das berühmte Allheilmittel.
Allüberall liefern vieler Liebestränke Zahl:
Steinbutt, Haare, Krallen, Schnecken,

Jung Gewürz, Klauenfett, Setzreissaugen,
Eidechsen, zweischweifige Bachstelzen,
Der Wieherer Brunstschleimreiz."

31. Diese und andere Liebesgiftmittel würde ich weit eher gesucht haben als Fische, und Du würdest sie mit mehr Wahrscheinlichkeit — denn solchen Märchen würde man vielleicht der gewöhnlichen Volkssage nach Glauben geschenkt haben — erdacht haben, wenn Dir nur irgend ein wenig Bildung zu Gebote gestanden hätte. Denn ein eingefangener Fisch, wozu ist er dienlich, wenn nicht als Zubereitung für die Mahlzeit? Uebrigens zur Zauberei, weil es nichts zu nützen scheint, will ich sagen, woher ich das vermuthe. Viele in der Ueberzeugung, dass Pythagoras, ein Anhänger der Lehre des Zoroaster und ebenso der Zauberei kundig gewesen sei, haben jedoch dem Gedächtniss überliefert: Als Pythagoras bemerkt hatte, dass ganz nahe bei Metapontus am Ufer seines Aufenthaltsortes in Italien, welches er zu einem Filialgriechenland gemacht hatte, von einigen Fischern Wate (Schleppnetz) gezogen wurden, habe er den glücklichen Fang angekauft und nach dem erlegten Kaufpreis sofort die gefangen gehaltenen Fische aus dem Netze befreien und der Meerestiefe überliefern lassen. Diesen Fang würde er nun doch wohl nicht wieder aus den Händen gelassen haben, hätte er vermeint, dadurch etwas für die Zauberei nützliches gefunden zu haben. Allein dieser höchst weise Mann und Nacheiferer der Alten erinnerte sich, dass der Vielwissende oder vielmehr in allen Dingen höchst erfahrene Dichter Homer die Wirkung aller Arzneimittel nicht dem Meere, sondern der Erde zugeschrieben habe, da er über eine Wahrsagerin auf folgende Weise sich auslässt (Il. XI, 741): „(Agamede) die Heilkräuter verstand, soviel rings nähret die Erde." Ebenso ganz ähnlich anderwo in seinen Gesängen (Od. IV, 230):

Die Nahrung verleihende Erde
Zeugt dort Kräuter in Meng', viel heilende, viele zum Unheil.

Denn es findet sich nirgends in seinen Schriften eine Andeutung, dass durch ein dem Meere entlehntes oder den Fischen entnommenes Heilmittel Proteus wegen Erlangung übermässiger Kräfte sich salbte zur Verwandlung seiner Gestalt, noch Ulysses beim Graben der Grube, noch Aeolus zum Schwellen der Schläuche, noch Helena den Mischkrug, noch Circe den Pokal, noch Venus den Gürtel. Aber Ihr seid seit Menschengedenken als die Einzigen erfunden, welche die Wirkung der Kräuter und der Wurzeln, sowie der Setzlinge und der Steine, gleichsam wie aus einem Vermischen der Natur von den höchsten Bergen ins Meer' übertragen und dem Innern der Fischleiber einverleibt habt. Also, wie der Argustödter Mercur zu den religiösen Gebräuchen der Zauberei angerufen zu werden pflegte und die Seelenanlockerin Venus und die nachtwerkvertraute Mondgöttin und die schattenbeherrschende Dreiweggöttin Hecate, so werden nach Eurer Annahme nachträglich Neptunus mit Salacia und Portunus und mit dem ganzen Chor der Nereïden, anstatt die Meeresfläche in Aufruhr zu bringen, mit ihrem Einfluss auf die Wallungen der Liebesherzen übertragen werden.

32. Ich habe gesagt, wenn es mir unwahrscheinlich ist, dass Zauberer und Fische in einer Beziehung stehen. Nun, wenn es beliebt, wollen wir dem Aemilianus glauben, dass Fische zu zauberischen Unternehmungen nützlich zu sein pflegen. Nun ist deshalb wohl also jeder, der einen Fisch erwirbt, ein Zauberer? Auf diese Weise wird wohl auch, wer sich nach einem Kaperschiff umgesehen haben würde, ein Seeräuber sein müssen, und wer eine Brechstange besitzt, ein Einbrecher, und wer einen Degen, ein Bandit? Nichts darfst Du bei allen diesen Dingen für so unschädlich halten, dass es nicht in irgend einer Hinsicht nachtheilig sein könnte, nichts so erfreulich, das nicht in Begriffsverbindung zu einer Betrübnissquelle gebracht werden könnte. Und doch werden alle diese Dinge deshalb noch lange nicht zu einer nichtswürdigeren Verdächtigung bezogen, als ob Du bei Einkauf von Weihrauch, Zimmt und Myrrhen und andern dergleichen Räucherstoffen genannte Dinge nur für eine Beerdigung erworben und bestimmt meinst, da sie sowohl als Arzneimittel wie als Opfermittel angeschafft werden. Uebrigens nach gleichem Beweis der Beschuldigung von Fischen hergenommen, wirst Du glauben, dass auch die Genossen des Menelaus Zauberer gewesen seien, von welchen der vorzügliche Dichter (Hom. Od. IV, 368) sagt, dass sie mit krummgebogenen Haken am Gestade der Insel Pharus Fische gefangen, um den Hunger zu stillen; auch Taucher, Delphine und Pinnenkrebse wirst Du in dieselbe Kategorie bringen; auch alle Schlemmer, die durch ihren Aufwand von den Fischern sich um ihr Vermögen bringen; auch diese Fischer selbst, welche Fische aller Arten handwerksmässig beharrlich suchen. „Warum also hast auch Du Dich damit versorgt?" Ich will nun nicht und halte es nicht für nöthig, Dir darüber Rechenschaft zu geben. Aber aus eigenem Antriebe, ohne Jemandes Zuthun, wenn Du es vermagst, klage mich an, dass ich sie zu dem Zwecke gekauft habe, als wie ich Nieswurz, oder Schierling, oder Mohnsaft erworben haben würde, oder andere derartige Stoffe, deren mässiger Gebrauch heilsam, aber in Vermischung und Ueberfluss genossen schädlich ist. Wer würde mit Gleichmuth ertragen, wenn Du mich deshalb des Giftmordes anklagen wolltest, weil durch solche Dinge ein Mensch getödtet werden kann?

33. Nun wollen wir doch einmal sehen, welche Arten von Fischen es waren, so nöthig für den Besitz und so selten zur Ermittlung, dass sie mit Recht für festgesetzte Preise erworben werden.

Drei davon überhaupt machten sie namhaft, die eine Gattung haben sie irriger Weise angegeben, zwei haben sie erlogen. Ein Irrthum war es von meinen Anklägern, dass sie sagten, es sei ein Meerhase gewesen, da es überhaupt ein ganz anderer Fisch war, den mir Themison, mein in der Arzneikunde nicht unbewanderter Diener, wie Du von ihm selbst vernommen hast, aus freien Stücken zur Untersuchung brachte. Denn ich für mein Theil habe einen solchen Fisch, d. h. Meerhasen nicht gefunden. Allein ich gestehe ganz offen, dass ich einen solchen und alle übrigen suche und nicht nur durch die Fischer, sondern auch nach ertheiltem Auftrag durch meine Freunde, wenn einer unter ihnen eine weniger bekannte Fischart zu Gesicht bekommen sollte, sie mir eine Beschreibung von seinem Aussehen liefern, oder mir ihn lebend, oder wenn das unmöglich, mich ihn wenigstens todt sehen lassen möchten. Weshalb ich das thue, will ich bald klarlegen. Meine ihrer Ansicht nach höchst pfiffigen Ankläger haben sich der Lüge schuldig gemacht, weil sie zum Zweck trügerischer Anklage sich ausklügelten, dass ich zwei Meerfische unter Anwendung unzüchtiger Ausdrücke verlangt habe, was jener besagte Tannonius, da er damit die beiderseitigen Zeugungswerkzeuge verstanden wissen wollte — allein der allervortrefflichste Rechtsanwalt konnte es wegen Mangels an Klarheit nicht benennen — nach vielem und langem Schwanken, das Meerkrebsschwänzchen mit einer ungeeigneten und unfläthigen Benennung bezeichnete. Allein da man in dem Worte weibliches Glied schlechterdings nichts als einen wohlanständigen Ausdruck fand, nahm man seine Zuflucht zu meinen Schriften, weil es darin hiess: „Das weibliche Schamglied solle man bedecken, theils durch Vorhalten des Schenkels, theils durch Verhüllen mit der flachen Hand."

34. Rechnete dieser grosse Sittenprediger nach seiner gewaltigen Ehrbarkeit mir es als Vorwurf an, weil ich mich auch nicht schämte, Unzüchtiges anständig auszudrücken? Aber ich dagegen hätte jenem Moralisten Tannonius mit mehr Recht vorwerfen können, der sich zum Schirmherrn der Beredtsamkeit öffentlich erklärt, auch das im Ausdruck Ehrbare gemein herplappert und oft bei ganz leichten Gegenständen herausstottert, oder im Allgemeinen verschweigt. Woblan denn, wenn ich über das Standbild der Venus nichts gesagt und mich nicht des Ausdrucks „weibliche Scham" bedient hätte, mit welchen Ausdrücken würdest Du jene Beschuldigung als Anklagepunkt verwerthet haben, angemessen Deiner Dummheit und Deinem Sprachunvermögen? Oder giebt es etwas Dümmeres, als von der Ausdrucksverwandtschaft eine Bedeutungsähnlichkeit der Gegenstände sich herauszuklügeln? Allein vielleicht scheine ich auch dies scharfsinnig ersonnen zu haben, dass ich nach Eurem Lügengewebe zu zauberischem Blendwerk diese zwei Meerwesen soll gesucht haben, das Schamgliedlein und die Jungferschaft;

lerne denn die lateinischen Namen kennen für diese Dinge, die ich deshalb verschieden benannt habe, dass Du von Neuem mit Beweismitteln versehen, Anklage stellst. Erinnere Dich doch, dass es ein ebenso lächerliches Beweismittel sein würde, Verlangen getragen zu haben nach anstössigen Meerwesen zum Liebesspiel, als ob Du sagst, dass gesucht worden sei nach einer Meerkammmuschel zur Haarfrisur, oder nach einem Fischhabicht zur Erhaschung von Geflügel, oder nach einem Meerschweinchen zur Erjagung von Ebern, oder nach Hirnschädeln aus dem Meere zur Erweckung der Todten. Also antworte ich auf diesen Euren ebenso fade als abgeschmackt erfundenen Anklagepunkt, dass ich diesen Tand aus dem Meere und diesen Abfall vom Strande, weder für Geld noch umsonst zu erhalten gesucht habe.

35. Das antworte ich auch deshalb, um zu beweisen, dass Ihr darüber in Unkenntniss gewesen seid, was ich Eurem Vorgeben nach gesucht haben soll. Diese von Euch genannten Abgeschmacktheiten liegen meistens an allen Ufern massenhaft aufgehäuft, sie werden ohne irgend Eines Bemühen bei selbst noch so leichter Bewegung von Wellchen aus freien Stücken herausgespült. Warum sagt Ihr mir denn nicht gleich, dass ich durch mein Bemühen für vieles Geld durch sehr viele Fischer die geriefte Muschel, die offen daliegende Schildkröte, den glatten Kiesel gesucht habe? Ausserdem Krebsscheeren, Seeigelhüllen, Blackfischzungen, zuletzt Späne, Strohhalme, Schnuren und schillernde Austern von Pergamus; endlich Moos, Seetang und die übrigen Auswürfe des Meeres, die, aller Orten durch Winde herausgetrieben und vom Meere ausgespieen, bei Sturm wieder zurückgefegt werden, bei ruhigem Wetter liegen bleiben. Denn nicht weniger als die von mir angeführten können in ähnlicher Weise Vermuthungen mit Rücksicht auf das Wort Raum bieten. Ihr sagt, es können zum Liebesspiel wegen der Aehnlichkeit der Namen die wie das weibliche und männliche Zeugungsglied gestalteten, dem Meere entlehnten Schaalthiere dienen. Wie ist es weniger möglich, dass von demselben Ufer Verwerthung findet das Steinchen für die Harnblase, Schaalthiere für ein Instrument, der Krebs für Geschwüre, das Meergras für den Schüttelfrost? Fürwahr, Claudius Maximus, Deine Geduldprobe geht zu weit, Du verfährst mit allzugrosser Langmuth und allzuweit ausgedehnter Menschenfreundlichkeit, da Du die Beweisführung dieser meiner Ankläger wahrlich lange genug erduldet hast! Ich für meine Person, da das Alles von Jenen mit Ernst und Ueberzeugung gesagt wurde, musste über ihre Dummheit lachen und Deine Geduld bewundern.

36. Uebrigens warum ich schon verschiedene Arten von Fischen kenne und mit einigen andern ferner nicht mehr unbekannt bleiben wollte, mag Aemilianus lernen, da er ja in einem fort für meine Angelegenheiten besorgt ist. Obgleich er nun schon im zu Ende sich neigenden Alter und hinfälligem Greisenthum sich befindet, so mag er doch, wenn es ihm recht scheint, die allerdings völlig versäumte und späte Belehrung hinnehmen; er mag Urkunden der alten Philosophen lesen, um endlich einzusehen, dass ich nicht zuerst diese Forschungen gemacht, sondern schon längst meine Vorfahren, ich nenne den Aristoteles, den Theophrast, den Eudemus, den Lycon und die übrigen jungen Schüler des Plato, welche sehr viele Werke über die Erzeugung der Thiere, über ihre Lebensweise, über deren Theile und jedwede Verschiedenheit hinterliessen. Wohl mir, weil vor Deinem Richterstuhl diese Angelegenheit zum Austrag kommt, der Du Deiner Bildung gemäss in der That die mannigfachen Werke des Aristoteles über die Erzeugung der Thiere, über anatomische Versuche an den Thieren, über Thiergeschichte gelesen hast, ausserdem seine unzähligen Streitfragen, dann aus derselben Schule der Uebrigen Schriften, worin verschiedenes Derartige abgehandelt wird. Wenn es für Jene ehrenvoll und rühmlich war, ihre mit so grosser Sorgfalt angestellten Forschungen aufzuzeichnen, warum sollte es mir zur Schande gereichen, sie zu prüfen und meiner Forschung zu unterziehen? Zumal da ich bestrebt bin, alles geordneter und bündiger, griechisch und lateinisch niederzuschreiben, allerwärts Lücken auszufüllen, Mangelhaftes zu vervollständigen oder Ausgelassenes zu ergänzen. Lasst mich einiges über meine magischen Schriften lesen, wenn es der Mühe lohnt, damit Aemilianus erfährt, dass ich mehr Untersuchungen und eifrigen Nachforschungen obliege, als er sich einbildet. Schlage ein Buch von meinen griechischen Werken nach, welche meine Freunde zufällig hier zur Hand haben, aber besonders das von den Untersuchungen über die Natur und vorzüglich das, worin mehrere Betrachtungen über die Art der Fische angestellt sind.

37. Unterdessen, während der betreffende Gerichtsschreiber sucht, werde ich ein der Sache angemessenes Beispiel anführen. Der Dichter Sophokles, der Nebenbuhler des Euripides, den er auch überlebte, brachte nämlich sein Leben bis zum höchsten Greisenalter; da er also von seinem eigenen Sohn der Geistesschwäche angeklagt wurde, als ob er wegen Altersschwäche der gesunden Vernunft entbehre, soll er das herrliche Trauerspiel, seinen Oedipus auf Colonos, vorgetragen haben, welches er zufällig in dieser Zeit verfasste, und dieses seinen Richtern vorgelesen und nichts weiter mehr für seine Vertheidigung hinzugefügt haben, ausser dass sie ihn unerschrocken der Verstandesabwesenheit verdammen möchten, wenn ihnen die Dichtung des Greises missfallen sollte. Dabei habe ich erfahren, dass alle Richter vor einem so grossen Dichter aufstanden, ihn mit ausserordentlichen Lobsprüchen erhoben wegen der Erfindsamkeit der Dichtung und der Erhabenheit im Ausdruck, und alle nahe daran waren,

dass sie vielmehr den Ankläger seiner Vernunftlosigkeit halber verdammt hätten.

Hast Du das Buch gefunden? Das ist mir lieb, wohlan, versuchen wir, ob mir auch hier vor Gericht meine literarischen Erzeugnisse von Nutzen sein können. Trage einige wenige Stellen aus dem Anfang vor, dann einiges über die Fische. Du aber halte unterdessen während der Vorlesung die Wasseruhr an. [Ausfall der Stelle aus den betreffenden Schriften des Apulejus.]

38. Du hast hier, Maximus, mit angehört, wovon Du wahrscheinlich schon vieles bei den alten Philosophen gelesen hast. Bedenke auch, dass diese Werke nur von den Fischen handeln, welche unter sich durch Begattung erzeugt werden, andere wieder aus dem Schlamme hervorgehen, wie oft und zu welcher Zeit des Jahres und von welcher Gattung die Weibchen in der Brunst liegen, die Männchen ranzen, durch welche Gliedmaassen und Verhältnisse die Natur die der lebendige Junge Gebärenden und der Eierleger unterschieden hat, so nenne ich nämlich auf lateinisch, was die Griechen $\zeta\omega o\tau \acute{o}\varkappa\alpha$ $\varkappa\alpha\acute{\iota}$ $\dot\omega o\tau \acute{o}\varkappa\alpha$ heissen. Und um mich nicht breitspurig über die Geburt der Wasserthiere auszulassen, ferner über die Verschiedenheit, über Nahrung und Gliederbau und Lebensdauer und über mehrere Einzelheiten, Dinge, zwar des Wissens werth, obgleich nicht zum Prozess gehörig, so werde ich wenigstens von meinen lateinischen Schriften zur practischen Kenntniss Gehöriges lesen lassen; worin Du nicht nur selten bekannte Dinge bemerken wirst, sondern auch den Römern ungebräuchliche Ausdrücke und bis auf den heutigen Tag, so viel ich weiss, noch nicht Aufgezeichnetes; die Bezeichnungen durch meinen Fleiss und mein Nachdenken von den Griechen entlehnt so, dass sie jedoch ganz von ächt lateinischem Gepräge durchdrungen sind. Nun, Aemilian, mögen uns Deine Rechtsanwälte sagen, wo sie diese lateinisch wiedergegebenen Ausdrücke schon gelesen haben. Nur von Wasserthieren will ich sprechen und die übrigen Thiere nicht in Betracht ziehen, ausser bei allgemeinen Abweichungen. Höre also, was ich sagen will. Nun wirst Du schreien, dass ich Zaubernamen nach ägyptischem oder babylonischem Ceremoniell hersage: Knorpelfische, Mollusken, Weichschaalige, Grätenfische, Muscheln, Scharfzähnige, Amphibien, Nilfische, Schuppenthiere, Fledermäuse, Landthiere, Schwimmfüssler, Einrudrige, in Schaaren zusammenlebende. Ich kann auch noch fortfahren, aber es verlohnt nicht der Mühe, dabei die Zeit zu zersplittern, damit mir noch Zeit und Gelegenheit bleibt, auf das Weitere einzugehen. Die wenigen von mir vorgeführten, auf lateinisch wiedergegebenen Worte lies nun vor. [Die lateinisch übersetzten griechischen Ausdrücke fehlen hier.]

39. Aber Du meinst also, dass einem Philosophen, selbstverständlich nicht einem rohen und nach cynischer Thorheit un-

wissenden, sondern der wohl weiss, der Schule Plato's anzugehören, glaubst Du, ob es dem schimpflich sei, das zu wissen, oder nicht zu wissen? Es zu vernachlässigen, oder zu pflegen? Zu erkennen, wie wunderbar der Plan der göttlichen Vorsehung, oder, ohne viel nachzugrübeln, blind das Urtheil von Vater und Mutter über die unsterblichen Götter zu glauben? Q. Ennius hat ein Gedicht „Feinschmeckerei" verfasst und zählt daselbst unzählige Arten Fische her, die er natürlich seiner gründlichen Untersuchung unterzogen hat; die wenigen Verse, deren ich mich erinnere, will ich anführen: „Wie Meertrüschen zu Clypea alle anderen Fische übertreffen, so die Schaalthiere von Aenus; ferner zu Abydos finden sich gesprenkelte Austern in Masse, Kammmuscheln giebt es zu Mytilene, Regenpfeifer bei den Grenzen von Ambracien, der Brachsen ist gut bei Brundisium, diesen wähle, wenn er gross ist; merk' Dir in erster Reihe den Fischeber zu Tarent; lass den Schwertfisch von Sorrent kaufen, den Schattenfisch zu Cumae und ferner die Meerbresche; beinahe hätte ich das Hirn des höchsten Zeus übergangen, dieser Fisch wird nur gross und gut gefangen im Vaterlande des Nestor. Erwähnen muss ich noch den Schwarzschwanz, die Meeramsel, die Seemerle, den Meerschatten. Der Vielfüssler (Polypus) findet sich zu Corcyra, die wahrhaften, saftreichen, leckeren Thunfischköpfe zu Atarne, die Purpurschnecke, Meermuscheln, Felsenschnecke, auch die leckern Seeigel." Auch noch andere Fische hat er durch viele Verse verherrlicht und gezeigt, in welchen Gegenden jeder derselben gefunden wird, ob er gebraten oder geschmort am besten schmeckt; und Ennius wird von den Gebildeten deshalb doch nicht getadelt. Nun darf doch auch ich keinen Tadel erfahren, der ich den Wenigsten bekannte Gegenstände griechisch und lateinisch in passenden und feinen Ausdrücken niederschreibe.

40. Während ich genug darüber gesagt, vernimm nun auch noch etwas Weiteres. Was wirst Du nun endlich gar erst noch sagen, wenn ich, als in der Arzneiwissenschaft weder unwissend noch unerfahren, gewisse Heilmittel auch in den Fischen suche, Heilmittel, deren es ja unendlich viele giebt, sowohl in allen anderen Stoffen, durch gleiches Geschenk der gütigen Natur hineingestreut und gleich Samen dazwischen gesäet, wie auch einige Heilmittel in den Fischen gefunden werden? Oder meinst Du, diese Heilmittel zu kennen und zu erforschen, sei vielmehr Sache des Zauberers als des Arztes, oder endlich des Philosophen, dem von diesen Mitteln Gebrauch zu machen frei steht und die Verwendung zukommt, nicht etwa aus Gewinnsucht, sondern zur Hülfeleistung und Tröstung bekümmerter Mitmenschen? Die alten Heilkünstler kennen zwar auch Zaubersprüche als Heilmittel bei Verwundungen, wie uns der zuverlässigste Gewährsmann des ganzen Alterthums, Homer, lehrt, welcher den Ulysses das von Verwundung

hervorströmende Blut durch Versprechen stillen lässt. Nichts, was ins Werk gesetzt wird, um Andern Rettung zu verschaffen, ist strafwürdig. Allein mein Ankläger sagt: „Zu welchem andern Zwecke hast Du den Fisch, den Dir Dein Diener Themison versorgte, zerschnitten, ausser zu einem schlechten?" Als ob ich in der That nicht viel früher schon gesagt hätte, dass ich über die Theile aller Thiere, über die Lage von deren Organen und über ihre Anzahl, ihren Zweck und ihre Verrichtungen schreibe und dass ich die Bücher des Aristoteles von der Anatomie mit besonderer Mühe zu erforschen, wie auch zu vermehren trachte! Und ich wundere mich sogar im höchsten Grade, wie Ihr wissen wollt, dass nur ein kleiner Fisch von mir untersucht wurde, da ich schon viele, die ich allerorten angeboten bekam, in gleicher Weise einer Untersuchung unterzog: Zumal weil ich nichts heimlich, sondern Alles frei und öffentlich thue, so dass jeder, sogar der fremde Beobachter, als Zeuge dabei stehen darf, nach Sitte und Einrichtung meiner Lehrer, die behaupten, dass ein freier und hochherziger Mann so viel wie möglich seine Denk- und Handlungsweise, seine Gesinnung vorn an der Stirn geschrieben zeigen müsse. Ich habe sogar sehr vielen Anwesenden diesen kleinen Fisch, den Ihr Meerhase nennt, gezeigt, doch kann auch ich nicht entscheiden, wie ich ihn nennen soll, wenn ich nicht genauere Untersuchung anstelle, weil ich auch bei den alten Philosophen die Eigenheit dieses Fisches nicht angegeben finde, obwohl es unter allen ein höchst seltner und daher besonders sehr erwähnenswerther ist. Denn er ist, soviel ich weiss, der einzige in seiner Art, da er übrigens zwar grätenlos ist, aber zwölf Knochen hat, die ähnlich den Schweinsknöcheln in seinem Bauche verbunden und wie eine Art von Kette verknüpft sind. Diesen Umstand hätte Aristoteles, wäre er ihm bekannt gewesen, sicher niemals unterlassen, schriftlich zu überliefern, da er den Stockfisch als einzigen unter allen, dessen Herz mitten im Bauche gelegen ist, für die höchste Merkwürdigkeit erklärt.

41. Er sagt ferner: „Du hast den Fisch zerschnitten." Wer wird einem Philosophen das als ein Verbrechen anrechnen, was einem Metzger oder einem Koch nicht verwehrt sein soll? „Du hast den Fisch zerschnitten, weil er noch in rohem Zustande war." Deshalb klagst Du mich also an? Wenn ich im gekochten Zustand den Bauch ausgeweidet, die Lebertheile durchbohrt hätte, so wie von Dir der Knabe Sicinius Pudens bei selbsteigener Verköstigung Anleitung erhält, hättest Du dann diesen Umstand nicht als Veranlassung zu einer Anklage geeignet erachtet? Oder ist es den Philosophen ein grösseres Verbrechen, Fische zu essen als zu beschauen? Oder ist es den Wahrsagern erlaubt, die Lebertheile einer Durchforschung zu unterziehen, und dem Philosophen soll das nicht erlaubt sein, der sich für den Wahrsager aller lebenden

Wesen und für den Priester aller Götter ansieht? Das machst Du mir zum Vorwurf, was ich und Maximus am Aristoteles bewundern? Und Du wirst mich nicht mit Recht anklagen können, wenn Du nicht die Werke dieses grossen Philosophen aus den Bibliotheken ausgewiesen und den Händen der fleissigen Leser entwunden haben wirst. Doch habe ich über diesen Gegenstand fast mehr, als ich sollte, gesagt, siehe nun ausserdem, wie meine Widersacher sich selbst widersprechen. Sie behaupten, dass durch Hexenkünste und durch Blendwerk aus den Fluthen eine Frau in der Zeit von mir aufgesucht und begehrt worden sei, wo sie nicht werden leugnen können, dass ich mich in den binnenländischen Bergen Gaetuliens aufhielt, wo Fische von deukalischer Sintfluth her ausgegraben werden. Und ich kann mir nur Glück wünschen, dass jene nicht wissen, dass ich auch das Werk des Theophrast „über die Verletzung durch Bisse und Stiche der Thiere" und Nicander's Heilmittel gegen Bisse von wilden und zahmen Thieren gelesen habe. Uebrigens forderten sie mich auch als des Giftmords schuldig vor, da ich nämlich in Folge des Lesens und der Nacheiferung des Aristoteles auf diese wissenschaftlichen Beschäftigungen hingewiesen wurde, gewissermaassen auch auf Anmahnung meines Plato, welcher sagt, dass der, welcher diesen Studien nachhängt, „unsterbliche und göttliche Gedanken in sich trage", wenn er überhaupt die Wahrheit erfasst hat.

42. Nun, weil ihr Märchen von den Fischen hinlänglich klar gelegt ist, vernimm ein Weiteres, zwar mit gleicher Dummheit, aber noch um vieles lügenbafter und nichtswürdiger ausgedacht. Sie wussten auch selbst schon, dass dieser Beweis ihrer Beschuldigung von den Fischen entlehnt, einfältig und unnütz sein werde, dass ausserdem die Ungewöhnlichkeit einer solchen Beweisführung lächerlich sei. Denn wer hat wohl sagen hören, dass Fische zum Zwecke von Zauberkünsten gewöhnlich abgeschuppt und ausgegrätet werden? Es musste also etwas anderes über solche weit bekannteren und wahrscheinlicheren Dinge ersonnen werden. Also erfanden sie als Hülfsmittel ein Märchen für die öffentliche Meinung und die Volksstimme, dass ein Knabe durch Zauberspruch behext, nach Entfernung der Augenzeugen an entlegenem Ort, am Fusse eines kleinen Altars und beim Scheine einer Laterne und unter vertrauten Zeugen, wo er bezaubert wurde, zur Erde gefallen, hernach unklar über seinen Zustand, durch mich wieder zum Bewusstsein erweckt worden sei. Doch haben sie nicht gewagt, in ihrem Lügengewebe noch weiter zu gehen, sondern damit dieses Märchen zu Ende geführt würde, musste man noch den Thatbestand hinzufügen, dass der Knabe in Vorahnung allerhand vorher verkündet habe, weil wir durch Bezauberung das glückliche Ergebniss hinnehmen: natürliche Vorahnung und göttliche Eingebung. Und nicht allein nach dem Volksglauben, sondern auch nach Beglaubigung gelehrter Männer wird dieses Wunder bezüglich des Knaben bestätigt. Ich erinnere mich, bei dem Philosophen **Varro**, einem höchst gründlichen Gelehrten und unterrichteten Manne, nicht nur anderes der Art, sondern auch folgende Bemerkung gelesen zu haben: Man fragte die **Trallenser** über den Ausgang des mithridatischen Krieges durch Erkundigung bei der Magie, und da soll ein Knabe im Wasser das Bild des **Merkur** gesehen und in hundertsechszig Versen verkündet haben, was die Zukunft brachte. So sei auch **Fabius**, als er fünfhundert Denare verloren hatte, zum **Nigidius** gekommen, um sich Rath zu holen, dass dann Knaben, von ihm durch Hilfe von Bezauberung in eine Reizbarkeit versetzt worden seien, wobei sie offenbarten, an welchem Orte die Kasse mit einem Theil der Geldstücke vergraben wurde; der übrige Theil des Geldes sei bereits vertheilt, einen Denar von der Summe besitze der Philosoph Cato (von Utica), den er nach eigenem Geständniss von einem Hausdiener als Opferspende für Apollo empfangen habe.

43. Dies und anderes habe ich vielerseits über bei Zauberei verwendete Kinder gelesen, aber ich bin wankend in der Ansicht, ob ich die Möglichkeit der Thatsache zugeben oder läugnen soll. Wiewohl ich dem **Plato** Glauben schenke, dass zwischen Göttern und Menschen ihrem Wesen und dem Orte nach gewisse Mittelwesen stehen, dass überirdische Mächte existiren, welche alle diese göttlichen Eingebungen und Wunderwerke der Zauberei lenken. Nein, sogar auch das erwäge ich im Geiste, dass der menschliche Geist, zumal in seiner kindlichen Einfachheit durch das Betäubungsmittel der Zaubersprüche, oder durch Bezauberung der Geruchsnerven eingeschläfert und zur Vergessenheit der Gegenwart durch Magnetismus in Betäubung gebracht und nach und nach zur Erinnerungsfähigkeit des Körpers oder der Sinne zurückversetzt zu werden und zurückzukehren zur wahren Wesenheit, die ja unsterblichen und göttlichen Ursprungs ist, und wie durch eine gewisse Schlafbetäubung, zukünftige Ereignisse zu sagen im Stande ist. Allein mag das sein, wie es will, wenn diesen Dingen irgend wie Glauben zu schenken ist, so muss ein solcher vermeintlicher junger Wahrsager, soweit ich das einräume, nicht nur als körperlich schön und unverdorben, sondern auch von Geist anschlägig und von Munde beredt ausgesucht werden, dass in ihm entweder eine göttliche Machtfülle, gleichsam in einem gesunden Hause sich würdig aufhält; wenn jedoch diese Machtfülle in den kindlichen Leib eingeschlossen wird, sollte sein Geist, selbst schnell erweckt, in die frühere Begeisterungsfähigkeit (Urwesenheit, d. h. übernatürliche Eingebung) zurückversetzt werden, und diese Gabe, ihm verfügbar angestammt und durch kein Vergessen (seiner Urwesenheit) angegriffen oder abgestumpft, sich leicht frei entwickeln? Denn nicht aus jedem Holze lässt sich nach dem Ausspruche des **Pythagoras** leicht ein **Merkur** ausschnitzen. Wenn sich das so verhält, sagt es laut, wer jener Knabe war, gesund, unverdorben, talentvoll, stattlich, den ich durch Bezauberung einzuweihen gewürdigt wurde! Uebrigens bedarf dieser besagte Thallus mehr einen Arzt als einen Zauberer. Es ist nämlich dieser erbarmungswerthe Knabe von der Fallsucht so erschöpft, dass er oft drei oder viermal täglich ohne irgend welche Verzauberung hinfällt, sich alle Gliedmaassen durch krampfhaftes Zusammenschlagen beschädigt, daher im Antlitz mit Schwären übersäet, an der Stirn und am Hinterkopf zerschlagen, mit mattem Gesichtssinn, durch die Nase nach Luft schnappend und wackelig auf den Beinen. Vor allen wird vielmehr der für den grössten Zauberer gehalten werden müssen, in dessen Beisein Thallus sich recht lange auf den Füssen hält; denn dieser Knabe verliert, wenn er im Schlafe oder im Traume einen Anfall bekommt, leicht das Gleichgewicht.

44. Er soll nun nach Eurer Aussage durch meine Zauberkünste hingestürzt sein, weil er zufällig in meiner Gegenwart einmal umfiel. Viele seiner Mitsclaven sind hier, die Ihr zur Stelle zu schaffen angekündigt hattet. Alle können sagen, was sie am Thallus verabscheuen, warum Keiner wagt, mit ihm aus einer und derselben Schüssel zu essen, aus demselben Becher zu trinken. Und was soll ich über die Sclaven sagen? Ihr selbst seht es, wenn Ihr es wagt, läugnet es, dass Thallus schon viel früher, bevor ich nach Oea kam, häufig an dieser Krankheit litt und zusammenbrach und so den Aerzten oft in diesem Zustande gezeigt wurde. Seine Mitsclaven, welche in Eurem Dienste stehen, mögen es leugnen, ich will mich in jeder Hinsicht für überführt bekennen, er ist sogar schon früher aufs Land in entlegene Gegenden geschafft worden, damit er mit seiner Krankheit die übrigen Hausbewohner nicht auch anstecke. Das ist so eine ausgemachte Thatsache und kann von Jenen nicht in Abrede gestellt werden; deshalb konnte er auch heute wegen der Kürze der Zeit von uns nicht vorgeführt werden. Denn wie die ganze Anklage unüberlegt und unvermuthet kam, forderte mich Aemilianus vor drei Tagen auf, dass ich fünfzehn Sclaven vor Deinen Richterstuhl vorladen möchte. Die in der Stadt anwesenden vierzehn sind zur Stelle. Nur Thallus, weil er, wie gesagt, fast (hundert) römische Meilen weit verwiesen ist, nur dieser aufs Land geschickte Thallus ist abwesend, aber ich habe einen Boten abgeschickt, der ihn auf einem Wagen schnell herbringen soll. Frage, Maximus, diese vierzehn Sclaven, welche ich zur Stelle gebracht habe, wo der Knabe Thallus blieb, und ob er sich auch wohl befindet; frage die Sclaven meiner Ankläger. Sie werden gestehen müssen, dass dieser Junge ein Ausbund von Hässlichkeit, welken Körpers, siech und fallsüchtig, roh und ein ungeschliffener Bauernlümmel ist. Ihr habt wahrhaftig einen netten Burschen ausgewählt, den Jemand beim Opfer verwerthet, dessen Haupt er bekränzt, den er mit reinem Gewande verhüllt, von dem er den Orakelspruch erwartet. Wahrhaftig, ich wollte, er wäre hier; ich wollte Dir, Aemilianus, ihn überlassen und dass Du ihn festhieltest, wenn Du ihn ausfragtest. Nun würde er in Mitten der Untersuchung hierselbst vor dem Tribunal die unheimlichen Augen auf Dich gerichtet haben, Dein Gesicht mit Schaum besudeln, die Hände krampfhaft ballen, das Haupt convulsivisch schütteln, und in Deinen Schooss fallen.

45. Vierzehn Sclaven habe ich auf Dein Verlangen zur Stelle, warum siehst Du bei der Verhandlung von ihnen ab? Den einen Burschen, ihn, den Fallsüchtigen, verlangst Du, von dem Du, gleich wie ich, längst weisst, dass er abwesend ist? Was kann es wohl für eine andere offenbarere Verläumdung geben? Vierzehn Sclaven sind auf Dein Verlangen zugegen, sie ignorirst Du und lässest sie unberücksichtigt, seine Abwesenheit verdächtigst Du. Was endlich verlangst Du noch? Stelle Dir vor, Thallus sei anwesend. Du willst beweisen, dass er in meiner Gegenwart umgefallen sei, das gebe ich von freien Stücken zu. Du sagst, dass es durch Behexung geschehen sei, das weiss der Bursche nicht. Ich beweise, dass es sich nicht so verhält. Nun lässt sich nicht abläugnen, dass der Bursche fallsüchtig sei, und auch Du wirst es nicht zu läugnen wagen. Warum soll nun sein Hinsturz mehr meiner Verzauberung als seiner Krankheit zugeschrieben werden? Oder war der Fall nicht zu denken, dass der Bursche zufällig ebensogut in meiner Abwesenheit von solch einem Anfall betroffen werden konnte, wie andermals oft in Gegenwart vieler Anderer? Wenn ich für schwierig gehalten hätte, dass Fallsüchtige hinschlagen, was bedarf es da noch einer Bezauberung, da durch entzündete Glanzkohle, wie ich bei Naturforschern lese, diese Krankheit vortrefflich und leicht ausgespäht und erkannt wird, durch deren Geruch auf dem Sclavenmarkt die Gesundheit oder Krankheit der verkäuflichen Sclaven sich leicht erkennen lässt? Auch das vom Töpfer herumgedrehte Rad übermannt einen von dieser Krankheit behafteten Menschen mit Schwindelanfall durch das Herumdrehen. So beraubt der Anblick des Herumdrehens den mit Fallsucht Behafteten allen Haltes, und der Töpfer ist im Stande, die mit dieser Krankheit Geplagten mehr zu Fall zu bringen als der Zauberer. Du hast ganz zwecklos verlangt, dass ich die Sclaven vorführte, nun verlange ich nicht ohne Grund, dass Du die namhaft machst, die etwa diesem Sühnopfer als Zeugen beiwohnten, als ich den zusammenbrechenden Thallus vollends zum Fall brachte. Du führst überhaupt nur einen Zeugen an, und zwar jenes unreife Bürschchen, den Sicinius Pudens, denselben nämlich, in dessen Namen Du die Anklage erhoben hast. Dieser will Augenzeuge gewesen sein. Wenn nun auch gerade seine Jugend zur Glaubwürdigkeit kein Hinderniss bietet, so dürfte doch seine Anklage ihm seine Glaubwürdigkeit sehr beeinträchtigen. Uebrigens wäre es doch weit leichter gewesen, Aemilianus, und von weit mehr Gewicht, wenn Du Dich selber als Augenzeugen hingestellt hättest und vielmehr von dieser Zauberei selbst angefangen hättest von Sinnen zu sein, als die ganze Angelegenheit gleichsam als Spielerei Kindern zu überlassen und nur Knaben in die Sache zu verwickeln. Ein Knabe fiel um, ein Knabe sah es, schliesslich wird sich wohl gar noch ein Knabe als Zauberer entpuppen?

46. Da sagt nun Tannonius Pudens in seiner Durchtriebenheit, da er einsah, dass auch diese Lüge nicht verfing und beinahe von der ganzen Versammlung Missbilligung aus Mienen und Murren erkannte, dass er, um die Verdachtsgründe Einiger durch Aussicht auf Nachweis hinzuhalten, noch andere Knaben vorführen werde, welche gleichfalls von mir auf ähnliche Weise verzaubert worden seien, und so ging er zu einer anderen Art von Beweismitteln über.

Wenn ich das auch übergehen könnte, so fordere ich ihn doch dazu auf und verlange geradezu, dass er es thun soll, nämlich diese Knaben vorzuführen, von denen ich höre, dass sie in der Hoffnung auf ihre Freilassung ermuthigt und zum Lügen gestempelt wurden. Aber ich sage nichts weiter, damit man sie vorführe. Ich fordere und verlange dringend, Tannonius Pudens, dass Du erfüllst, was Du versprachst. Wohlan, diese Knaben, auf welche Ihr Euer Vertrauen setzt, führe sie vor, nenne sie, wer sie sind, bediene Dich meinethalben dazu immerhin als Zeitmesser des Wassers in meiner Wasseruhr. Heraus also mit der Sprache, Tannonius Pudens. Was, Du schweigst? Warum zögerst Du? Wenn sich dieser Tannonius nicht auf eine Antwort besinnen kann, oder die Namen vergessen hat, so komme Du heran, Aemilianus! Sage, was Du Deinem Rechtsanwalt aufgetragen hast, schaffe die Knaben herbei. Wesbalb erbleichst Du? Warum schweigst Du? Heisst man das anklagen? Heisst man das eine so schwere Beschuldigung vorbringen, oder einen so erhabenen Mann, wie den Claudius Maximus, zum Besten haben, mich durch falsche Anklage zu verunglimpfen? Wenn vielleicht Dein Vertheidiger in seiner Angabe gefehlt hat und Du keine Knaben aufzuweisen hast, so bediene Dich doch wenigstens der vierzehn von mir vorgeführten Knaben zu irgend einem Beweismittel; oder warum bestandest Du auf dem Vorführen eines so grossen Dienstpersonals?

47. Um mich der Zauberei anzuklagen, drohtest Du mir bezüglich der Zeugenaussage von fünfzehn Sclaven. Was nun erst, wenn Du mich wegen verübter Gewaltthätigkeit anklagen würdest, wie viel Sclaven würdest Du da erst verlangen? Diese fünfzehn Sclaven wissen also etwas, und es bleibt Geheimniss? Oder es ist kein Geheimniss, dann ist es Hexerei. Einen der beiden Fälle musst Du zugestehen; oder soll der Fall erlaubt gewesen sein, wobei ich kein Bedenken trug, so viele Zeugen zu haben, oder wenn es unerlaubt war, hätten es so viele Zeugen doch nicht wissen dürfen? Diese Kunst der Zauberei ist, so viel ich höre, eine gesetzlich verbotene, verboten schon von altersher durch die zwölf Tafeln wegen unglaublicher, unwahrscheinlicher Behexung der Feldfrüchte. Also ist diese Kunst ebensosehr geheim als abscheulich und schrecklich, meist zur Nachtzeit verrichtet, in Finsterniss versteckt, ohne Gesellschaft von Zeugen besorgt und unter Geheimsprüchen hervorgemurmelt, wobei nicht nur wenig Sclaven, sondern auch ebenso selten Freie zugezogen werden. Und Du willst wissen, dass fünfzehn Sclaven dabei gewesen seien? Gab es denn etwa eine Hochzeit, oder wurde eine andere Feierlichkeit begangen, oder eine ausgesuchte Schmauserei? Fünfzehn Sclaven nahmen Theil an der Opferfeierlichkeit, an der Schmauserei? Gerade wie das Collegium der Fünfzehnmänner zur Ueberwachung religiöser Handlungen und Gebräuche ausgewählt? Jedoch, würde ich wohl bei dieser Verrichtung eine so grosse Anzahl Sclaven verwendet haben, wenn die Mitwissenschaft eines Einzigen schon allzuviel bedeutet? Fünfzehn freie Menschen bilden ein Volk, ebensoviel Sclaven einen Hausstand, ebensoviel Gefesselte eine Strafanstalt. Oder war eine so grosse Menge zum Helfershelferdienst nothwendig, um mir bei dem Sühnopfer so lange behilflich zu sein? Oder Ihr habt keine anderen Opferthiere als Hühner namhaft gemacht? Etwa um die Weihrauchkörner zu zählen, oder um den Thallus zu Boden zu strecken?

48. Auch eine Frau, eine Frau soll ich zu mir ins Haus gebracht haben, von demselben Krankheitszustand befallen, wie Thallus, die ich auch zu heilen versprach und die auch von mir bezaubert umgefallen sei. Wie ich sehe, seid Ihr erschienen, um in meiner Person den Vorsteher einer Ringschule, nicht einen Zauberer anzuklagen, so sagt Ihr, dass alle die zu mir kamen, hingefallen seien. Es läugnete jedoch auf Deine Frage, erhabener Maximus, mein Diener Themison, der Arzt, von dem die Frau zur Untersuchung mir zugeführt worden war, dass mit dieser Frau weiter nichts geschehen sei, ausser dass ich sie ausgefragt, ob sie Ohrensausen habe, und welches von beiden Ohren ihr mehr klinge, worauf sie zur Antwort gegeben, dass sie das rechte Ohr am meisten belästige und dann habe sie sich alsbald entfernt. Obgleich ich hier nun, Maximus, bei der gegenwärtigen Lage der Dinge eifrig bemüht bin, mich Deiner Lobpreisung zu enthalten, damit ich nicht irgendwo deshalb als ein Schmeichler erscheine, so kann ich mich doch nicht enthalten, Deiner Geschicklichkeit in der Fragestellung Lob zu ertheilen. Schon früher, nämlich als meine Ankläger ihre Heimlichkeiten betrieben und der Arzt, welcher zugegen war, ihre Behauptung zurückwies, dass die Frau von mir behext worden sei, stelltest Du die ausserordentlich kluge Frage, was denn für ein Vortheil mir aus dieser Bezauberung erwachsen sei. Ihre Antwort war, „dass die Frau hingefallen sei." Was weiter, fragtest Du noch, ist sie vielleicht gestorben? Das mussten sie auch verneinen. Was sagt Ihr nun? Welchen Vortheil also hatte Apulejus von ihrem Fall? So lautete zum dritten Male Deine geistvolle und beharrliche Frage, da Dir wohl bekannt war, dass die Ursachen von allen Thatsachen mit grösstem Eifer zu erwägen seien, dass öfters die Gründe geprüft werden und das Zugeständniss der Thatsachen im Auge behalten werden müsse und daher auch die Vertreter der streitenden Parteien Sachwalter genannt werden, weil sie zur Ermittelung der sachlichen Gründe da sind. Uebrigens ist es eine leichte Sache, eine Thatsache zu läugnen, und dazu bedarf es keines Vertreters; aber nachzuweisen, ob eine That gut oder strafbar sei, das ist wahrhaftig um vieles schwieriger und schwerer. Nutzlos also ist es, zu untersuchen, ob sich eine Thatsache vollzog, weil ihr keine sträfliche Absicht zu Grunde lag, dass sie eintrat. Daher wird ein Angeklagter vor einem gerechten Richter der Bedenklichkeit des Verhörs überhoben, wenn ihm keine sträfliche Absicht untergelegt werden kann. Weil sie nun zugestanden haben, dass die Frau weder von mir behext noch zu Boden gestreckt worden sei, endlich ebensowenig abläugnen, dass ich sie auf Ersuchen des Arztes untersuchte, so möchte ich Dir erklären, Maximus, warum ich sie über das Ohrensausen ausfragte, nicht meiner Schuldreinigung halber in dieser Angelegenheit, als vielmehr weil Du bereits im Voraus entschieden hast, dass meine Handlungsweise weder an eine Schuld noch an ein Verbrechen streift, um nichts zu verschweigen, was werth ist vor Deine Ohren und angemessen zu Deiner Kenntniss zu kommen. Ich will mich also so kurz als möglich fassen, da ich nur Verlangen trage, Deine Erinnerung wach zu rufen, aber durchaus nicht die Absicht hege, Dich zu belehren.

49. Der Philosoph Plato also, indem er in seiner höchst ausgezeichneten Schrift Timaeus mit einer gewissen himmlischen Beredtheit die Entstehung der Welt und des darin Enthaltenen, das Universum in seinen Gesichtskreis zieht und nachdem er auch über unsere dreifach geistigen Anlagen höchst einsichtsvoll sich äussert und höchst passend nachgewiesen hat, zu welchem Zweck jedes Glied uns durch göttliche Vorsehung geschaffen ist, nimmt nach seiner Eintheilung einen dreifachen Grund aller Krankheiten an. Den ersten Krankheitsgrund theilt er den Urbestandtheilen des Leibes zu, wenn die Eigenschaften der Urstoffe selbst, das Feuchte mit dem Kalten oder im entgegengesetzten Falle, das Trockene mit dem Warmen nicht im Einklange stehen; das kommt ferner daher, wenn die eine oder andere dieser Eigenschaften naturwidrige Ueberfüllung erfährt, oder aus ihrem eigenen Sitze übersiedelt. Der zweite Grund liegt in der Verderbniss der schon in den Urbestandtheilen begründeten Zusammensetzungen, die durch einen gewissen Bestandtheil wie der des Blutes, des Fleisches, der Knochen und des Markes sich vereinigen, kurz jene, welche aus diesen einzelnen Bestandtheilen zusammen gemischt sind. Zum Dritten sind die letzten Anreizungsmittel bei Krankheitserscheinungen die Anhäufung von bitterer Galle, von blähender Luft und zähem Schleim im Körper.

50. Aus der Reihe dieser Anhäufung als Krankheitsursache ist ausschliesslich der Grundstoff für die Epilepsie herzuleiten, wovon ich bereits zu sprechen angefangen, wenn das Fleisch durch das feindliche Feuer in dicker und schäumender Flüssigkeit zerschmilzt und ebendaher durch Luft erzeugt von der Gluth zusammengepresster Luft sich ein weisslicher, schäumender Geifer absondert. Diese Unreinlichkeit nämlich, wenn sie sich nach aussen hin wirft, äussert sich am Körper mehr als hässlicher Schandfleck wie als gefährlicher Schaden. Sie überzieht die Hautoberfläche der Brust und des Körpers mit Hautausschlag und übersäet sie mit allerhand Flecken, aber wem dies begegnet, der wird nachher niemals von der Fallsucht angefochten. So wird diese gewaltigste Krankheit durch eine leichte körperliche Entstellung ausgeglichen. Denn wenn jener schädliche weisse Schleim innerlich abgesperrt, mit der schwarzen Galle sich vermischt, bahnt er sich dann bis zum höchsten Wirbel den Weg und treibt dann den unheilvollen Umlauf dem Gehirn zu, alsbald lähmt er dieses königliche Geisteswerkzeug, welches bei seiner Urtheilsfülle uneingeschränkt das Haupt des Menschen wie ein Schloss oder eine Burg bewohnt, belastet und verstopft dessen unerforschliche Wege und Pfade der klaren geistigen Gedanken, was während des Schlafes mit geringerem Nachtheil sich vollzieht, während die mit Trank und Speise Ueberladenen durch vorhergehenden Erstickungskrampf als Vorbote der fallenden Sucht, in leichte Beängstigung gerathen. Wenn nun dieser Zustand sich fort und fort steigert, so dass er sich nach dem Kopf der Wachenden drängt, dann tritt plötzliche Umnebelung des Geistes ein und sie fallen in körperlicher Ermattung und geistiger Bewusstlosigkeit zu Boden. Diese Krankheit nennen unsere Lateiner theils die grosse oder Comitialkrankheit oder auch die göttliche, sowie sie die Griechen sehr richtig die heilige Krankheit nannten, weil sie nämlich den Bezirk der Vernunft, der bei weitem der heiligste ist, diesen Thron des Göttlichen in uns schändlich entweiht.

51. Du erkennst hier, Maximus, die Lehre des Plato, soweit ich sie unter gegenwärtigen Umständen klar und deutlich darlegen konnte. Dieser Ansicht Vertrauen beimessend, dass sie die Ursache der heiligen Krankheit sei, weil jenes Uebel in den Kopf sich ergiesst, scheint mir, dass ich mich durchaus nicht ohne Grund erkundigt habe, ob besagte Frau eine Schwere im Kopfe empfinde, ob ihr der Nacken steif, ob sie Klopfen in den Schläfen fühle oder wohl Ohrensausen habe. Endlich weil sie bekannte, dass das

Klingen im rechten Ohre häufiger sei als im linken, sei das ein Merkmal der innerlich schon weit mehr vorgeschrittenen Krankheit, denn die rechte Körperseite ist widerstandsfähiger: deshalb ist da weniger Hoffnung auf Heilung vorhanden, wenn diese Körperseite auch der Krankheitserscheinung unterliegt. Aristoteles hat sogar in seinen Räthselfragen schriftlich aufbewahrt, dass bei allen Fallsüchtigen, wo die Krankheit an der rechten Seite beginnt, die Heilung dieser Patienten deshalb schwieriger sei. Es wäre zu weitläufig, wollte ich auch noch die Ansicht des Theophrast über diese Krankheit meiner Beurtheilung unterziehen. Es giebt nämlich von ihm auch ein ausgezeichnetes Werk über die mit Epilepsie Befallenen. In einem anderen Buche jedoch, welches er über neidische Thiere verfasste, behauptet er, dass für jene die abgeworfenen Häute der Sterneidechsen ein Heilmittel seien, nämlich wenn sich letztere derselben, wie Veraltetes, nach Art der anderen Schlangen zu bestimmten Zeiten entäussern. Aber wenn man ihnen nicht sofort die Haut entwendet, so drehen sie sich um, ob aus missgünstiger Ahnung oder aus angeborener Begehrlichkeit, und verschlingen sie sofort. Diese den berühmten Philosophen entlehnte Untersuchung habe ich deshalb erwähnt und gleichzeitig ihre Quelle namhaft gemacht und habe nichts aus den Schriften der Aerzte und Dichter zu übergehen beabsichtigt, damit meine Ankläger endlich aufhören, ihre Verwunderung zu erkennen zu geben, wenn Philosophen aus eigner wissenschaftlicher Erkenntniss Ursachen der Krankheiten und deren Heilmittel in den Kreis ihrer Betrachtung ziehen. Als daher die kranke Frau zur Untersuchung und der Heilung halber mir zugeführt wurde, und dies auch nach dem offenen Bekenntniss des zugezogenen Arztes nach meiner Berechnung sich nicht widerlegen lässt, dass ich recht verfahren und meine Befugniss nicht überschritten habe, so mögen sie entweder bestimmt annehmen, dass es das Zeichen eines Hexenmeisters oder Zauberers sei, Krankheiten zu heilen, oder wenn sie diese Behauptung nicht wagen, mögen sie bekennen, dass sie bei den epileptischen Zufällen des Knaben wieder freche, eitele und ganz hinfällige Verläumdungen beabsichtigt haben.

52. Nein, wenn Du der Wahrheit die Ehre geben willst, Aemilianus, so bist Du vielmehr zu Fall gekommen, da Du schon mit so vielen Verläumdungen durchfielst. Denn es fällt nicht schwerer ins Gewicht, leiblich als geistig und moralisch zu sinken, mit dem Fuss als mit dem Verstand zu straucheln; besser ist es, in seinem Zimmer mit Schaum vor dem Munde zu fallen, als in dieser glänzenden Gesellschaft Schimpf und Schande erdulden zu müssen. Aber Du hältst Dich vielleicht für gesund, weil Du nicht zu Hause zu bleiben brauchst; aber Du folgst Deiner Tollheit, wohin sie Dich auch führen mag. Wenn Du aber Deinen Wuthanfall mit dem Anfall des Thallus in Vergleich bringen

willst, wirst Du erkennen, dass da kein grosser Unterschied stattfindet, ausser dass Thallus nur gegen sich, Du aber auch gegen andere Deine Raserei auslässest. Uebrigens verdreht Thallus die Augen, Du die Wahrheit; Thallus ballt die Hände zusammen, Du die Advocaten; Thallus bekommt eine Schlappe auf dem Estrichboden, Du an den Stufen des Gerichts. Endlich thut jener, was er thut, im Anfalle von Krankheit und sündigt unbewusst; allein, Du Elender, führst Dein Verbrechen mit Vorbedacht und wissentlich aus. So gross ist die Gewalt, welche Dich antreibt. Du erdichtest Falsches für Wahres, Ungeschehenes sinnst Du mir als Verbrechen an, mich, den Du zweifellos als unschuldig weisst, klagst Du trotzdem als schuldig an.

53. Nein, auch was ich übergangen habe, was Du nicht zu wissen bekennst, das verwendest Du als von Dir bekannt zu meiner Beschuldigung. Du behauptest nämlich, dass ich einige in einem Schweisstuch eingewickelte Gegenstände im Hause des Pontianus versteckt gehalten habe. Trotz alledem bekennst Du, nicht zu wissen, was und welcher Art diese eingewickelten Sachen gewesen seien und dass ausserdem nicht Einer sie gesehen haben soll; und doch behauptest Du, dass es Zaubergeräthschaften gewesen seien. Niemand sagt Dir Schmeicheleien, Aemilian. Bei Deiner Anklage tritt nicht Schlauheit, ja nicht einmal Unverschämtheit zu Tage, glaube das ja nicht. Was also anderes? Verbitterte Wuth, abstossende Gesinnung und elende Raserei ungeschliffenen Greisenthums. Mit diesem Wortlaut ungefähr hast Du mit dem strengen und scharfsinnigen Richter verhandelt: „Apulejus hielt einige Gegenstände versteckt im Hause des Pontianus in einem Schweisstuch eingewickelt. Weil ich nun nicht weiss, was das für Gegenstände waren, deshalb behaupte ich, dass es Zaubersachen gewesen sind. Glaube nur also das, was ich sage, weil ich etwas sage, was ich nicht weiss." O allerliebstes Beweismittel und offenbar zur Ueberführung des Schuldverbrechens! „Das war es, weil ich nicht weiss, was es gewesen sein mag." Du stehst einzig da, Aemilian, der Du auch Alles das weisst, was Dir unbekannt blieb. Von Allen hast Du die höchste Staffel von Dummheit erstiegen, da ja die erfindsamsten und schärfsten Köpfe unter den Philosophen sagen, dass nicht einmal zuversichtlich an das zu glauben sei, was wir sehen. Aber Du stellst zuversichtliche Behauptungen auf über Dinge, die Du weder jemals zu Gesicht bekommen, noch davon gehört hast. Wenn Pontianus noch leben und von Dir gefragt werden würde, was wohl in jener Futteralhülse enthalten gewesen sei, so würde er antworten, dass er es nicht wisse. Denn jener Freigelassene, welcher die Schlüssel zu dem Gemach bis zum heutigen Tag in Verwahrung hat und auf Eurer Seite steht, sagt, dass er nichts gesehen hat; obwohl er selbst fast täglich zu öffnen hatte, als Ausgeber und Kustos der Bücher, welche daselbst aufbewahrt wurden, und wieder verschloss; der oft mit mir, viel öfter allein hineinging und ein leinenes Tuch auf dem Tisch liegen sah ohne irgend welchen Verschluss oder Verschnürung. Warum nicht? Zauberwerkzeuge wurden daselbst verborgen, um so nachlässiger war die Verwahrung. Aber ich setzte unüberlegt alles offen hin, um es nach Belieben frei durchstöbern und besichtigen, oder auch entwenden lassen zu können; ich vertraute es fremder Obhut an und überliess es dem ersten Besten nach Ermessen. Was willst Du nun, dass man Dir bei der gegenwärtigen Lage der Dinge glauben soll? Was Pontianus nicht gewusst haben sollte, der in ungetrennter Wohnungsgemeinschaft mit mir zusammenlebte, das solltest Du wissen, den ich nie vorher sah ausser im Angesicht des Gerichtshofes? Oder was der stets gegenwärtige Freigelassene, der die volle Freiheit der Besichtigung hatte, was dieser nicht gesehen hat, das solltest Du, der nie dahin gekommen ist, gesehen haben? Endlich das, was Du nicht sahst, war das von der Art, wie Du es angabst? Aber, Du Dummkopf, wenn Du heute jenes Schweisstuch weggeschnappt hättest, was würdest Du daraus ans Licht ziehen? Nichts von Zauberei, behaupte ich.

54. Ich lasse Dir sogar volle Freiheit, erdichte, denke aus, was Du willst, erdenke, was den Anschein einer Zauberei haben kann, ich würde darüber doch den Streit mit Dir aufnehmen; oder ich würde es als untergeschoben erklären können oder als Heilmittel erhalten oder als Opfergabe bekommen oder als Schlafmittel angeordnet haben. Tausendfach andere Ausreden giebt es, wodurch ich Dich nach den gemeinüblichen und gebräuchlichen Regeln der Wahrnehmung der Wahrheit gemäss widerlegen könnte; in Bezug auf den fraglichen Fall forderst Du, dass der aufgefangene und in Beschlag genommene fragliche Gegenstand, der mir vor. dem gerechten Richter doch nicht die geringste Unannehmlichkeit bereitet, dieser Fall durch thörichte Verdächtigung, zweifelhaft und unerwiesen, ein Verdammungsurtheil zur Folge haben möchte. Ich weiss nicht, ob Du wieder nach Deiner Gewohnheit sagst: „Was war es denn nun eigentlich, was Du mit leinenem Tuche bedeckt im Hause hauptsächlich in Verwahrung gabst?" Ist es Dir recht so, Aemilian? Deine Klage lautet derart, dass Du als Kläger Alles was nur dem Richter zukommt, von dem Angeklagten erfragst und selbst nichts Dir Bekanntes beizubringen vermagst. „Weshalb erkundigst Du Dich nach Fischen?" „Warum nimmst Du eine kranke Frau in Augenschein?" „Was hattest Du im Schweisstuch?" Bist Du zum Anklagen oder zum Ausfragen gekommen? Wenn zur Anklage, beweise Du, was Du sagst, wenn zum Ausfragen, versuche nicht vorgreifend zu entscheiden, was es war, was Du deshalb zu erfragen benöthigt bist, da Du selbst nichts wusstest. Auf solche Weise würden übrigens alle Menschen als Verbrecher hingestellt werden können, wenn dem, der die Namen von Irgendeinem bei Gericht angegeben hat, keine Nothwendigkeit obläge, Beweise beizubringen, ihm selbst hingegen die Vollberechtigung zum Ausfragen zugestanden sein soll. Allen freilich wird, wenn man einen so von ungefähr der Beschäftigung mit Zauberei beschuldigt, erst vorgehalten werden müssen, was sie überhaupt verbrochen haben. Auf einem Wachstäfelchen hast Du Gelübde, wie es gebräuchlich, an dem Schenkel irgend einer Götterbildsäule angeheftet, daher bist Du ein Zauberer. Oder warum hast Du sie angeheftet? Du hast insgeheim Bitten im Tempel an Götter gerichtet, also bist Du ein Zauberer; oder warum hast Du gebeten? Du hast andernfalls im Tempel um nichts gebeten, also bist Du ein Zauberer; oder warum hast Du die Götter nicht gebeten? Auf ähnliche Art, wenn Du ein Weihgeschenk gestiftet, wenn Du geopfert hättest, wenn Du heilige Kräuter genommen hättest. Die volle Tageszeit würde nicht ausreichen, wollte ich alle die Fragen einzeln verfolgen, deren Beantwortung in ähnlicher Weise der Verläumder dringend verlangt! Zumal alles was verborgen, was versiegelt, was zu Hause eingeschlossen verwahrt wird, das alles wird, wenn nach diesem Beweis verfahren wird, als Zauberei verschrieen, oder aus dem Vorrathskämmerlein auf den Marktplatz, oder vor den Gerichtshof gebracht werden.

55. Wie bedeutend und welcher Art, Maximus, bei solchen Folgerungen die Gefahren sein mögen, und welches weite Feld den Verläumdungen des Aemilian auf diesem Wege Thür und Thor öffnet, wie viel Schweiss und Anstrengungen der Unschuld durch ein Schweisstüchelchen gebracht werden, darin könnte ich zwar des Weiteren mich ergehen, aber ich will bei meinem Vorsatz verharren, ich will auch offen bekennen, was ich nicht nöthig hätte, und auf die Frage des Aemilian Antwort geben. Du fragst also, Aemilian, was ich in jenem Schweisstuch gehabt. Obgleich ich nun läugnen könnte, dass überhaupt irgend ein Schweisstuch von mir in der Bibliothek des Pontianus niedergelegt worden, gestehe ich gleichwohl unbedingt zu, dass es dort gewesen ist, könnte aber dennoch auch sagen, dass nichts in demselben eingeschlagen gewesen sei. Wollte ich dies sagen, so kann ich weder durch eine Zeugenaussage, noch durch ein Beweismittel überführt werden; denn es giebt Niemanden, der es berührt haben soll, nur einen Freigelassenen giebt es, der, wie Du sagst, es sah. Nichts desto weniger sage ich, mag es meinetwegen doch ganz angefüllt gewesen sein; wenn es Dir gefällt, glaube Du so, wie einst die Gefährten des Odysseus einen Schatz gefunden zu haben meinten, als sie den vom Wind geschwollenen Schlauch stahlen (Hom. Od. X, 28—55). Willst Du, dass ich sage, welcher Art die in dem Tuche eingehüllten Gegenstände waren, die ich den Schutzgottheiten des Pontianus übergab? Es soll Dir Genüge geschehen. In Griechenland erhielt ich Zutritt als Eingeweihter zu sehr vielen geheimen Religionsgesell-

schaften, wo mir einige Erkennungszeichen, Merkmale von den Priestern anvertraut wurden, die ich sorgfältig aufbewahre. Nichts Unbekanntes sage ich; auch Ihr eingeweihten Priester des einen Vaters Bacchus, die Ihr hier zugegen, wisst recht gut, welchen Gegenstand Ihr zu Hause verbergt und versteckt halten und fern von allen Uneingeweihten im Stillen verehren sollt. Allerhand feierliche Gebräuche, vielfältige Gottesdienste und zahlreiche Glaubenslehren hab' ich erlernt aus Verlangen nach Wahrheit und aus Verehrung gegen die Götter. Und das ersinne und lege ich mir nicht etwa für jetzt erst zurecht, sondern es ist ungefähr drei Jahre her, als ich in den ersten Tagen, wo ich nach Oea gekommen war, in öffentlicher Versammlung ausführlich über die höchste Gottheit des Aesculap sprach, ganz dasselbe Bekenntniss offen an den Tag legte und beleuchtete, wie viele Geheimlehren ich kennen lernte. Diese Abhandlung ist allgemein verbreitet und wird allenthalben gelesen, sie befindet sich in aller Händen, weniger wegen der rednerischen Kunstfertigkeit, als weil die Erinnerung an den Aesculap bei den gottesfürchtigen Oeensern sich grosser Beliebtheit erfreut. Wenn einer der Anwesenden sich zufällig erinnert, führe er den Anfang der besagten Stelle an. Hörst Du wohl, Maximus, dass Viele damit aufwarten können? Ja sogar ein Exemplar der Abhandlung wird hergereicht. Laut und vernehmlich werde ich die Stelle vortragen lassen, zumal Du durch Deinen liebreichen Blick zu erkennen giebst, dass Dich dieser Vortrag nicht belästigen oder unangenehm berühren wird. [Die Stelle aus der zu Oea gehaltenen Rede fehlt.]

56. Kann es nun wohl irgend Jemandem wunderbar erscheinen, der nur einen geringen Begriff von religiösen Gebräuchen hat, dass ein Mensch, mit so vielen göttlichen Geheimnissen vertraut, einige Mysterienamulette zu Hause verwahre und sie in einem Leingewebe einhülle, da dies als die reinste Hülle für geweihte Gegenstände gilt? Da ja Wolle, als Auswuchs vom Leibe des trägsten Thieres, dem Schafe abgeschoren, schon seit den Zeiten und Bestimmungen des Orpheus und Pythagoras als ungeheiligte Bekleidung gilt. Aber die allerschmuckste Leinsaat, unter den vorzüglichsten Feldfrüchten der Erde entsprossen, diente nicht nur den ehrwürdigsten Priestern der Aegypter als Kleidung und Gewandung, sondern wurde auch zur Einhüllung für heilige Gegenstände gebraucht. Nun weiss ich wohl, dass Viele und darunter von allen zuerst dieser Aemilian es für besonderen Scherz halten, Erhabenes und Heiliges zu verhöhnen und zu verlachen. Denn wie ich höre, kennt der grösste Theil der Oeenser diesen Menschen als einen solchen, der bis in sein jetziges hohes Alter nie zu einem Gott gebetet, nie ein Gotteshaus besuchte; der, wenn er an geweihter Stätte vorbeigeht, es für Unrecht hält, aus Verehrung die Hand aufs Herz zu legen, oder durch eine Kusshand seine Hochachtung zu beweisen. Dieser Ruchlose weiht den

Gottheiten der Landwirthschaft, die ihn nähren und kleiden, weder einen Theil der Ernte, der Saaten, des Weinstocks, noch die Erstlinge der Heerde. Auf seinem Landgute ist kein Heiligthum zu sehen, kein Heim oder geweihter Hain für Götter. Doch was rede ich von einem Hain und von einem Heiligthum? Die dort gewesen sind, sagen, dass sie in seinem Bezirke nicht einmal einen von Opferfett benetzten Stein, oder einen bekränzten Baumast zur Ehre der Gottheit erblickt haben. Deshalb sind ihm zwei Spitznamen beigelegt worden: **Charon**, wie schon gesagt, wegen der Grauenhaftigkeit seines Aussehens und seines Charakters; aber auch noch ein anderer, den er aus Verachtung gegen die Götter lieber hört: **Mezentius** (der aus **Vergil Aen. VII 647** bekannte Gottesverächter). Deshalb sehe ich leicht ein, dass diese Aufzählung so vieler geheimen Glaubenslehren ihm als läppische Hirngespinnste erscheinen und er vielleicht nur wegen Geringschätzung alles Göttlichen es übers Herz bringt, zu glauben, dass ich die Wahrheit gesagt habe und die Zeichen und Denkmale so vieler heiligen Mysterien höchst gewissenhaft aufbewahre. Es kann mich nicht im Geringsten kümmern, was dieser Mezentius über mich denkt; öffentlich aber mit lauter Stimme erkläre ich allen Uebrigen, wenn etwa einer gleich mir derselben feierlichen Weihe theilhaftig ist, so soll er mir ein Zeichen geben, und dann magst Du vernehmen, was ich verwahre. Denn ich kann nicht ohne irgend eine Gefahr genöthigt werden, das vor Uneingeweihten auszuplaudern, worüber ich Schweigen gelobt, was ich als Geheimniss aufzubewahren erhalten habe, was ich unter dem Siegel der Verschwiegenheit anvertraut erhielt.

57. Meiner Meinung nach, Maximus, glaube ich jeden, selbst den unbilligsten Wunsch zufriedengestellt zu haben, und was das Schweisstuch betrifft, jeden Schandfleck der Beschuldigung verscheucht zu haben. Und nun kann ich wohl ohne Gefahr von dieser Verdächtigung des **Aemilian** zu jener Zeugenaussage des **Crassus** übergehen, welche nach den vorausgegangenen wohl als die wuchtigste durch Herlesen entrollt wurde. Du hörtest das Zeugniss aus der Schrift des **Junius Crassus**, eines Schlemmers und heillosen Wollüstlings, vorlesen, dass ich in dessen Hause mit meinem Freunde **Appius Quintianus**, der daselbst zur Miethe wohnte, Nachtopferhandlungen vorgenommen habe. Das Alles sagt **Crassus**, obgleich er zur selben Zeit in **Alexandrien** war, doch von Kienholzrauch und von Vogelfedern in Erfahrung gebracht zu haben. Das versteht sich wohl freilich, dass er, da er zu **Alexandrien** an Gastgelagen theilnahm — es ist nämlich **Crassus** ein Kerl, der nicht ungern schon bei Beginn des Tages in Kneipen sich verkriecht — dass er also in jenem Kneipendunst Federn nach Wahrsagerart aus der eigenen Hauswohnung erlauert hat, dann den Rauch aus weiter Ferne vom Gipfel des Hauses seiner eigenen Heimath hat aufsteigen sehen. Wenn er ihn mit eigenen Augen erblickte, so ist er mit einer Sehkraft ausgerüstet, welche die Wünsche und Verlangen des Odysseus weit übertraf, des Odysseus, der viele Jahre lang vom Ufer des Meeres aus sich vergeblich bemühte, den Rauch von seinem Vaterlande aufsteigen zu sehen (Hom. Od. I, 58). Crassus hat in den wenigen Monaten seiner Abwesenheit, in Weinschänken sitzend, denselben Rauch mühelos ausfindig gemacht. Wenn er aber im Vorgefühl mit seinen Geruchswerkzeugen den Duft in seinem Hause aus weiter Ferne auszuspüren vermag, dann übertrifft er Hunde und Stossvögel durch seine Geruchsschärfe. Denn welchem Hunde oder welchem Geier unter alexandrinischem Himmelsstrich wird es möglich, etwas von den Grenzen der Oeenser auszuwittern? Dieser Crassus ist zwar der allergrösste Prasser und Kenner jedes Küchendunstes, aber wahrlich nach Maassgabe seiner Trinklust, wodurch er allein sich Ansehen erwarb, würde eher der Dunst des Weines als der des Rauches zu ihm nach Alexandrien gelangt sein.

58. Er sah auch selbst ein, dass dies unglaublich sein würde. Denn man sagt, dass er vor der zweiten Tagesstunde, als er noch ganz nüchtern und noch ohne Speise und Trank war, diese Zeugenaussage in Kauf genommen habe. Daher also seine schriftliche Erklärung, dass er das Alles auf diese Art erfahren habe. Nachdem er von Alexandrien, sagt er, zurückgekehrt sei, habe er sich stracks nach seinem Hause begeben, aus welchem Quintianus schon weggezogen war; da habe er im Vorhof viele Vogelfedern, ausserdem die Wände durch Russ verunreinigt vorgefunden, dann habe er seinen in Oea zurückgelassenen Diener nach der Ursache gefragt und von diesem Anzeige erhalten von meinen und des Quintianus nächtlichen Opferhandlungen. Wie fein aber zusammengesponnen und wahrscheinlich erdichtet, dass ich, wenn ich etwas dergleichen beabsichtigt hätte, das nicht vielmehr in meinem eignen Hause vollzogen haben würde! Sollte dieser Quintianus, der mir zur Seite steht, den ich nach dem Grade der Freundschaft die ihn aufs engste mit mir verbindet, nach seiner hervorragenden Bildung und vollendetster Beredtsamkeit mir zur Ehre und zum Ruhme namhaft mache, dieser Quintianus also, wenn er irgend welches Geflügel beim Nachtmahle gehabt oder nach ihrer Angabe zu Zauberzwecken umgebracht hätte, sollte dieser kein dienendes Wesen zur Hand gehabt haben, das die Federn zusammengefegt und aus dem Hause bei Seite geschafft hätte? Sollte ausserdem der Rauch in solcher gewaltigen Menge dagewesen sein, dass die Wände davon ganz schwarz geworden wären, und Quintianus sollte diese Unsauberkeit solange, als er daselbst wohnte, in seinem Gemache gelitten haben? Du sagst nichts, Aemilianus, es ist nicht wahrscheinlich, wenn Crassus nach seiner Rückkehr nicht zufällig schnurstracks in dies Gemach vordrang und gewohnheitsgemäss geradewegs zum Küchenheerd eilte? Woher soll nun aber der Diener des Crassus auf den Argwohn verfallen sein, dass gerade die Wände am meisten bei Nacht eingeräuchert wurden? Vielleicht aus der Farbe des Rauches? Möglicher Weise ist der Nachtrauch schwärzer und unterscheidet sich dadurch vom Tagesrauch? Warum aber duldete der so argwöhnische und umsichtige Diener, dass Quintianus eher auszog, bevor er das Haus wieder reinlich hatte herrichten lassen? Warum blieben jene Federn gleich wie bleiern und so lange bis zur Ankunft des Crassus liegen? Bezichtigt Crassus dadurch nicht seinen eigenen Diener? Hat er das Alles über den Rauch und die Federn erlogen, da er unmöglich, auch nicht einmal während der kurzen Frist bei der Zeugenaussage länger aus der Küche, seinem eigentlichen Lebenselemente, wegbleiben konnte?

59. Warum habt Ihr die Zeugenaussage aus der Anklageschrift abgelesen? Wo in aller Welt befindet sich Crassus selbst? Zog er vielleicht aus Ekel vor seinem Hause wieder nach Alexandrien oder hat er hier seine Wände abgewischt? Oder, was wahrscheinlicher ist, hat der Schlemmer einen Rauschanfall gehabt? Denn ich habe ihn hier in Sabrata gesehen, wie er deutlich bemerkbar Dir, Aemilian, mitten auf dem Markt etwas entgegenrülpste. Ich bitte, Maximus, erkundige Dich bei Deinen Namensaufrufern, obgleich er den Kneipiers bekannter ist als den Namensaufrufern, frage doch diese, sage ich, ob sie hier den Oeenser Junius Crassus gesehen haben. Sie werden es bejahen müssen. Es schaffe uns Aemilianus den Jüngling, dieses liebliche Muster von Ehrsamkeit her, auf dessen Aussage er sich stützte. Du siehst, was es an der Zeit ist. Ich behaupte, dass Crassus schon längst betrunken schnarcht oder eine zweite Abreibung im Bade nimmt, zum Mahlzeitsnachgelage den Weinrauschschweiss im Bade ausschwitzt. Dieser so gut als möglich gegenwärtig, erhabener Maximus, lässt sich durch die Klageschrift vernehmen. Nicht als ob er allem Schamgefühl entfremdet sei, sondern auch, wenn er vor Deinen Augen sich befände, ohne irgend ein Erröthen lügen könnte. Aber vielleicht konnte der Trunkenbold sich nicht so lange beherrschen, dass er diese Stunde nüchtern erwartete, oder es handelte Aemilianus in kluger Berechnung, dass er ihn nicht so unter Deine strengen Augen hinstellen mochte, damit Du das Ungethüm nicht mit ausgerenkten Kinnbacken, mit ekelhaftem Anblick zufolge seines Aussehens missbilligen möchtest, wenn Du das bart- und haarlose Haupt des Jünglings bemerkt hättest, die triefigen Augen, die geschwollenen Augenlider, den aufgesperrten Mund, die Lippen voll Speichel, die widrig klingende Stimme, das Zittern der Hände, seines Gerülpses Unflath. Schon längst hat er das väterliche Erbtheil verprasst und ihm bleibt von den väterlichen Gütern nichts übrig als ein Haus, das er zur Verläumdung verhandelt, dessen Vermiethung ihm aber nie höhern Gewinn eintrug, als bei jetziger falscher Zeugenaussage. Denn dieses im Rausche abgeschlossene Verläumdungs- und Lügengewebe kam dem Aemilianus 3000 Sestertien zu stehen, und das blieb zu Oea Niemand unbekannt.

60. Uns allen war dieser Händel, bevor er zu Stande kam, bekannt, und ich hätte ihn durch Anzeige verhindern können, wenn ich nicht im Voraus gesehen hätte, dass das so plumpe und von ihm zwecklos verkaufte Lügengewebe dem Aemilianus weit mehr schaden, als mir von Nutzen sein würde, der ich es verachtete. Auch lag es in meiner Absicht, dass Aemilianus von einem Verlust betroffen und Crassus durch den Schandfleck seiner falschen Zeugenaussage öffentlich beschimpft werden sollte. Uebrigens ist dieser durchaus nicht unbekannt gebliebene Handel, diese Erkaufung der falschen Aussage vor drei Tagen im Hause eines gewissen Rufinus, auf den ich bald zurückkommen werde, abgeschlossen worden unter Bürgschaft und Vermittelung des Rufinus selbst und des Calpurnianus. Das that Rufinus um so lieber, als er bestimmt wusste, dass Crassus ein hübsches Theil der Summe an seine Frau, auf den Altar seiner nichts weniger als keuschen Ehehälfte, über deren lasterhafte Ausschweifung er wissentlich ein Auge zudrückte, entrichten würde. Ich sah es Dir an, Maximus, dass Du wegen des Complottes gegen mich und wegen der Verschwörung dieser Menschen nach Deiner Weisheit Verdacht hegen und, sobald jene Klageschrift aufgewiesen wurde, die ganze Angelegenheit aus Deinem Zornesblick verwerflich finden würdest. Obwohl nun diese mit dummdreister Verwegenheit und unverschämter Frechheit begabt sind, haben sie sich doch weder auf das Zeugniss des Crassus, von dem sie merkten, dass seine Aussagen nach Hefenduft röchen, noch auf irgend einen Punkt darin stützen zu dürfen gewagt. Ich thue dieses Umstandes deshalb Erwähnung, nicht weil ich das Schreckbild von Federn noch den Rauch fürchte, zumal vor Deinem Richterstuhl, sondern damit dieser Handel dem Crassus nicht ungestraft hingingе, weil er den Aemilian, diesen ungeschliffenen Menschen, mit blauem Dunst, d. h. mit leerem Versprechen abspeiste.

61. Daher rührt auch noch eine Beschuldigung von ihnen, dass sie den Brief der Pudentilla vorlasen. Da wurde die Anfertigung einer Mumie aufs Tapet gebracht, von der sie sagen, dass ich sie, zu Zauberkünsten in der Werkstatt heimlich angefertigt, aus ganz ausgesucht feinem Holze angeschafft hätte und, obgleich die Form dieser Mumie hässlich und entsetzlich ist, ich sie doch unendlich verehren und mit dem griechischen Namen „König" belegt haben soll. Im Fall ich nicht irre, so werde ich gut thun, wenn ich der Reihenfolge nach meiner Ankläger Fussspuren folge, sie einzeln wieder vornehme und das ganze Verläumdungsgewebe zu Schanden mache. Die von Euch erwähnte Anfertigung der Mumie, wie kann sie eine heimliche gewesen sein? Deren Verfertiger musste Euch schon deshalb bekannt sein, da Ihr ihm die Zumuthung des persönlichen Erscheinens gestellt habt. Wohlan, hier ist er, der Künstler, Cornelius Saturninus, ein Mann, unter seinen Mitbürgern und Kunstgenossen anerkannt und durch seine vorzüglichen Charaktereigenschaften bewährt, der Dir, Maximus, als Du Dich bei ihm kurz vorher erkundigtest, gewissenhaft den Verlauf und die ganze Reihenfolge des Herganges mit höchster Aufrichtigkeit und Wahrheit beleuchtete, dass ich nämlich, als ich bei ihm viele fein und kunstgerecht verfertigte geometrische Figuren aus Buchsbaum gesehen hatte, hingezogen von seiner Kunstgeschicklichkeit mir von ihm einige Werkzeuge auszuarbeiten erbat, und dass er mir zugleich das Bild irgend eines beliebigen Gottes, an den ich gewöhnlich meine Gebete zu richten pflegte, aus beliebigem Stoff ausschnitze, wofern es nur Holz sei. So machte er zuerst einen Versuch mit Buchsbaumholz. Während ich mich unterdessen auf dem Lande aufhalte, habe mein Stiefsohn Sicinius Pontianus, der sich mir gefällig erweisen wollte, von Capitolina, einer höchst ehrenwerthen Frau, ein aus Ebenholz angefertigtes Fächerschränkchen geschenkt erhalten, welches er dem Saturninus überbrachte und ihm den Auftrag gab, er möge mir aus dieser dauerhafteren und selteneren Holzart das Bestellte anfertigen, weil mir das Geschenk dann besonders angenehm sein würde, und dass der Künstler Saturninus diesem Wunsche nachgekommen, gerade soweit als das Material von dem Schränkchen ausreichte. So habe er stückweise aus den Brettchen von mässiger Stärke einen niedlichen kleinen Merkur zu Stande bringen können.

62. Dies Alles, wie gesagt, hast Du gehört. Was ausserdem von dem hier gegenwärtigen Sohn der Capitolina, dem rechtschaffensten Jüngling, auf Deine Erkundigung hin ausgesagt wurde: dass nämlich Pontianus ein Schränkchen verlangt, ferner es zu dem Künstler Saturninus hingebracht habe, auch das wird nicht in Abrede gestellt; ferner dass Pontian von Saturnin das vollendete Statuettchen in Empfang genommen und mir nachher zum Geschenk gemacht habe. Was bleibt nach allen diesen augenscheinlich offenbaren Beweisen noch übrig, worin irgend ein Verdacht der Zauberei sich versteckt hielte? Nein, was ist überhaupt noch übrig, was Euch nicht bereits des offenbaren Lügengewebes überführt hätte? Ihr sagt, dass insgeheim angefertigt wurde, was der ausgezeichnete Ritter Pontianus herstellen liess, was Saturninus, ein besonnener Charakter, bekannt unter den Seinen wegen seiner Biederkeit, in seinem Atelier sitzend, offen vor aller Welt ausgeschnitzt hat, was die hochverehrteste Frau durch ihre Spende unterstützte, wovon sowohl bei seinem Entstehen als nach seiner Vollendung nicht nur viele Diener, sondern auch die mich häufig besuchenden Freunde

Kenntniss hatten. Ihr schämt Euch nicht, mit einer solchen unverschämten Unwahrheit hervorzutreten, dass ich nämlich die Holzart in der ganzen Stadt eifrigst gesucht hätte, während Ihr doch wisset, dass ich zu jener Zeit abwesend war und dass die Wahl der Holzart ganz dem Ermessen des Künstlers anheimgestellt bleiben sollte?

63. Eure dritte lügenhafte Beschuldigung bestand darin, dass Ihr angabt, die Gestalt des grauenhaften Skeletts sei eine überhaupt magere, eingeweide- und fleischlose und geradezu schaudervolle und gespensterartige gewesen. Wenn Ihr dieses so augenscheinliche Zauberzeichen so gewiss wisst, warum gabt Ihr mir nicht Weisung, es zur Stelle zu schaffen? Oder geschieht dies in der Absicht, dass Ihr über einen Gegenstand, der nicht vorliegt, uneingeschränkt darauflos lügen könnt? Die Möglichkeit für diese Lüge ist Euch jedoch durch den günstigen Zufall meiner Angewohnheit benommen worden. Es ist nämlich so meine Gewohnheit, dass ich, wohin ich auch gehe, ein Sinnbild irgend einer Gottheit unter meinen Büchern in einem Schränkchen verborgen mit mir zu führen und einem solchen an Festtagen durch Weihrauch und unvermischte Weinspende und bisweilen durch Sühnopfer meine Andacht zu verrichten pflege. Da ich aber schon vorher erfuhr, dass auf Veranlassung des höchst unverschämten Lügengewebes von einer Mumie die Rede war, gab ich Einem den Auftrag, sich eilends auf den Weg zu machen und mir aus meiner Behausung den niedlichen kleinen **Merkur** herbeizuholen, den **Saturninus** hier zu **Oea** angefertigt hat. Her damit, auf dass man ihn sieht, ihn befühlt, ihn betrachtet. Beseht Euch das niedliche Götterbild. Ei, das kam Euch wohl unerwartet, was jenes schurkische Lästermaul eine Mumie nannte? Hört Ihr nicht die lauten Missfallenszeichen aller Anwesenden? Hört Ihr nicht die Verurtheilung Eures Lügengewebes? Vergeht Ihr denn nicht vor Scham über so viele Verläumdungen? Ist das nun wohl eine Mumie? Ist das ein Gespenst? Ist das, wie Ihr es zu nennen pflegtet, ein Teufelchen? Ist es ein Gegenstand der Zauberei oder ein übliches und gewöhnliches Bild? Ich bitte, **Maximus**, nimm es und betrachte es genau. Mit vollem Rechte wird der geweihte Gegenstand in Deine reinen und unbefleckten Hände gelegt. Siehe, wie dessen Gestalt wohlanständig und kraftvoll, gleich dem Körper eines Ringers ist, wie heiter der Gesichtsausdruck des Gottes, wie der Flaum an beiden Wangen sich mit Anstand herabsenkt, wie am Kopf das gekräuselte Haar am äussersten Ende der Kopfbedeckung zum Vorschein kommt, wie herrlich über den Schläfen zwei gleiche Flügelchen hervortreten, wie anmuthig aber um die Schultern des Jünglings Oberkleid befestigt ist! Wer diesen Gott eine Mumie zu nennen wagt, hat wahrlich nie Götterbilder gesehen oder verachtet Alle. Wer ihn endlich ein Gespenst nennt, ist selbst von einem Gespenst besessen.

64. Aber Dir, Aemilianus, wende für Deine Lügnereien dieser Gott Merkur, der zwischen Ober- und Unterwelt herumwandelt, die Ungunst beider Götterkreise zu und lasse Deinen Blicken unaufhörlich Gesichte der Todten begegnen und so viel Schatten, Lemuren, Manen und Gespenster es irgend giebt, alle Nachterscheinungen, alle Grabgespenster, alle Schrecknisse der Leichenbrandstätten, wovon Du ja Deines hohen Alters und wohlverdienten Lohnes halber nicht weit mehr entfernt bist! Uebrigens wir aus der Schule des Plato beschränken unsere Betrachtungen nur auf das Feierliche, auf das von der Sitte Geheiligte, auf Dinge über der Erde und auf alles Göttliche. Nein, aus Verlangen nach dem Ueberirdischen spürt die Schule des Plato sogar das noch Erhabenere als den Himmel auf und hat auf dem äussersten Rücken der Welt Halt gemacht, wo es für den Begriff der Höhe kein Weiteres gab. Maximus weiss, dass ich die Wahrheit sage, wie jeder aufmerksame Leser der Stelle in Plato's Phaedrus (247. C) sich erinnern wird, wo es heisst: „Den übersinnlichen Ort auf den Rücken des Himmels;" Maximus sieht sehr wohl ein, um Euch auch über den Namen Rede und Antwort zu geben, wer jenes Wesen sei, welches nicht von mir zuerst, sondern von Plato „König" genannt worden ist, auf den sich alle Dinge der Welt beziehen und wegen dessen alle Dinge sind, er ist die Veranlassung und Ursache des Weltbestandes, der Urquell, der oberste Erzeuger der Seele, der ewige Heilbringer beseelter Wesen, der unvergängliche Baumeister seiner Weltschöpfung, aber freilich müheloser Baumeister, sorgenfreier Fürsorger, ohne Fortpflanzung Erzeuger, weder an Ort, noch Zeit, noch Wechsel gebunden und deshalb nur Wenigen begreiflich und Jedem unausdrückbar.

65. Siehe, wider Erwarten vermehre ich selbst den Verdacht der Zauberei. Dir, Aemilian, stehe ich nicht Antwort, welchen König ich verehre. Und selbst wenn mich der erhabene Proconsul fragen würde, welchen König ich verehre, wer mein Gott sei, würde ich trotzdem Stillschweigen beobachten müssen. Bei gegenwärtiger Lage der Dinge habe ich über den Namen genug gesagt, und mir ist recht wohl bewusst, dass das, was noch zu erklären übrig bleibt, einige der Umstehenden zu hören begehren, warum ich nicht von Silber oder Gold sondern ganz besonders aus Holz das Bild des Gottes hergestellt wissen wollte; und ich glaube, dass ihre Neugierde nicht meiner Freisprechung zu Gunsten, sondern der eigenen Aufklärung halber befriedigt zu werden ein Recht habe, damit sie auch von diesem Bedenken erlöst werden, wenn sie sehen, dass jeder Verdacht der Schuld mehr als nöthig von mir widerlegt wurde. Es merke also jeder auf, dem die Kenntniss dieser Thatsache am Herzen liegt; aber wie weit jedem und Dir, Aemilian, möglich ist, vernimm, wenn Du anzuhören gewillt bist, mit gehobener und gespannter Aufmerksamkeit des schon greisen Plato eigene Worte im allerletzten Buche seiner Gesetze (955 E.—956 A.): „Den Göttern aber muss ein maasshaltender Mann Weibgeschenke im rechten Maasse darbringen. Die Erde nun und der Heerd des Hauses sind bei allen Menschen allen Göttern heilig, Keiner also soll sie zum zweiten Male den Göttern weihen." In dieser Stelle wird daher geboten, dass Keiner für seine Person ein Privatheiligthum errichten soll. Denn nach seiner Meinung genügen die öffentlichen Tempel den Bürgern zur Opferweihe. Hernach fügt er hinzu: „Gold und Silber aber in andern Staaten sowohl in Privathäusern wie in Heiligthümern ist ein Neid erregendes Besitzthum. Elfenbein aber, das von einem Körper kommt, der sein Leben verloren hat, ist kein reines, passendes Weihgeschenk, Eisen und Erz sind Werkzeuge des Kriegs. Von Holz jedoch weihe er, was einer etwa nur weihen will, und desgleichen von Stein für die öffentlichen Heiligthümer." Wie die Beistimmung Aller zu erkennen giebt, erhabener Maximus, und Ihr, hochgeehrte Rathsbeisitzer, scheine ich den Plato höchst angemessen erwähnt zu haben als Lehrmeister fürs Leben, wie als Vertheidiger meines Prozesses, dessen Gesetzesvorschriften Ihr mich gehorsam untergeben seht.

66. Aber nun wird es Zeit sich zu dem schriftlichen Verkehr mit Pudentilla zu wenden, oder sogar den Verlauf der ganzen Angelegenheit um vieles weiter herzuholen, um allen ganz augenscheinlich darzulegen, dass ich, von dem sie fort und fort behaupten, nur aus Gewinnsucht in das Haus der Pudentilla eingedrungen zu sein, dass ich, wenn ich an irgend einen Gewinn gedacht hätte, weit weg von diesem Hause hätte fliehen müssen, ja sogar auch aus verschiedenen anderen Gründen einen durchaus nicht erwünschten Ehestand hätte meiden müssen, der, wenn die Frau selbst so viele Unannehmlichkeiten nicht durch ihre vorzüglichen Tugenden ersetzte, sogar höchst nachtheilig hätte werden müssen, weil er nur Feindschaft stiftete. Und es lässt sich keine andere Ursache auffinden ausser unnützer Neid, welcher mir gegenwärtige Anklage und vorher viele andere Unannehmlichkeiten im Leben zuzog. Ausserdem, warum hätte Aemilian in Harnisch gerathen sollen, wenn er mich als wirklichen Zauberer erkannt hätte, der durch keine Handlungsweise, nicht einmal durch ein noch so geringes Wort verletzt worden ist, um sein Rachegefühl gerechtfertigt erscheinen zu lassen? Aber er klagt mich auch nicht an, wie M. Antonius den Cn. Carbo, wie C. Mucius den A. Albucius, wie P. Sulpicius den C. Norbanus, wie L. Fufius den M'. Aquilius, wie C. Curio den Q. Metellus. Weil alle diese feingebildeten Jünglinge nur um des Lobes willen sich der Uebernahme eines ersten Versuchs der Vertheidigungsunterstützung vor Gericht unterzogen, um sich durch irgend einen berühmten Rechtshandel bei glücklichem Ausgange ihren Bürgern bekannt zu machen. Diese Gewohnheit, welche den Jünglingen von den Alten zugestanden wurde, nämlich bei

Beginn ihrer Laufbahn ihre geistigen Anlagen ins helle Licht zu setzen, ist lange aus der Mode gekommen, ja wenn sie auch heute noch häufig vorkäme, so würde sie doch von einem Menschen, wie Aemilian ist, weit abliegen. Denn weder das Prahlen mit Beredtheit würde mit diesem rohen Dummkopf, noch die Ruhmbegierde mit einem so ungeschliffenen Tölpel, noch die Uebernahme der Vertheidigung von Schützlingen mit einem solchen Sargmöbel, mit einem so abgelebten Greise, der auf der Grube geht, in Einklang stehen, ausser wenn etwa Aemilianus bei seiner Sittenstrenge ein Beispiel gab und, den Freveltbaten selbst abhold, diese Anklage nach seiner sittlichen Unbescholtenheit und ohne Hoffnung auf Ruhm und Gewinn übernahm. Aber ich würde kaum jenem Aemilian, nicht diesem elenden Afer, sondern jenem weltberühmten (P. Scipio) Aemilianus mit Beinamen Africanus Numantinu's und Censor Glauben geschenkt haben, geschweige denn diesem elenden Klotz Glauben schenken, dass ihm nicht nur Abneigung gegen Freveltbaten, sondern wenigstens Verständniss dafür innewohne.

67. Wie steht nun der Fall? Wem leuchtet es nun nicht ein, dass kein anderes Motiv als der Neid diesen Aemilianus und seinen Aufhetzer Herennius Rufinus, auf den ich gleich zu sprechen kommen werde, wie alle meine übrigen Widersacher zum Truggespenst falscher Anklage auf Zauberei anzettelte! Fünf Punkte also sind es, über die ich sprechen und mich verantworten muss. Denn wenn ich mich recht besinne, wurden mir bezüglich der Pudentilla folgende Vorwürfe gemacht. Ein Punkt lautet: dass diese nach dem Tode ihres früheren Gatten sich nie wieder habe vermählen wollen, sie sei aber nach ihrer Behauptung durch meine Hexenkünste gezwungen worden; der andere Fall betrifft ihre Briefe, die sie für ein Zugeständniss der Zauberei halten; der dritte, dass sie im 60sten Altersjahre aus Wollust geheirathet habe; der vierte, weil die Heirathsurkunden in einem Landhause und nicht in der Stadt bestätigt worden sind. Die beiden letzten Fälle rückten sie mir an dritter und vierter Stelle vor. Die letzte und gehässigste, die fünfte Beschuldigung betrifft die über die Mitgift. Hier war ihr Bestreben, mit Aufgebot aller Kräfte das ganze Gift der Verläumdung auszuspritzen; hier wurden sie am meisten beunruhigt. Und so sagten sie also: dass ich die grosse Mitgift bald im Anfang ehelicher Verbindung der für mich in Liebe schmachtenden Frau nach Entfernung der Zeugen auf dem Landsitz abgezwungen habe. Alle diese Behauptungen, wie falsch, wie nichtssagend, wie haltlos sie sind, will ich darthun und sogar ohne grossen Aufwand von Streitsucht widerlegen, dass ich, bei Gott, fürchte, dass Du, Maximus und Ihr Rathsbeisitzer, mich in Verdacht habt, einen unbedeutenden und von mir selbst angestifteten Ankläger ausgesucht zu haben, um eine gute Gelegenheit zu finden, öffentlich meinen glühenden

Hass zu dämpfen. Glaubt mir, was sich im Verlauf der Angelegenheit erweisen wird, ich werde sehr darauf bedacht sein müssen, dass Ihr nicht etwa glaubt, ich hätte vielmehr selbst diese so leichtfertige Anklage mit List erdacht, als jene sie aus Dummheit unternommen haben.

68. Während ich nun die Reihenfolge des Rechtshandels kurz durchgehe und veranlasse, dass Aemilian sich von Neuem ins Gedächtniss zurückruft, dass er fälschlicherweise zum Hass gegen mich verleitet und sich nothwendigerweise zu dem Bekenntniss gedrungen fühlt, weit vom Wege der Wahrheit sich entfernt zu haben, bitte ich, dass Ihr, wie Ihr bis jetzt gethan habt, auch noch, so viel Ihr nur in der Lage seid, die Ursache und den Grund dieses Lügengewebes mit aller Gewissenhaftigkeit auch anhört. Aemilia Pudentilla, die jetzt meine Frau ist, hatte dem Sicinius Amicus, mit dem sie früher verheirathet war, zwei Söhne geboren, den Pontianus und den Pudens, und diese unmündigen Waisen in der väterlichen Gewalt des Grossvaters zurückgelassen (denn als der Pudentilla erster Gemahl, Sicinius Amicus, starb, lebte dessen Vater noch). Ihre beiden Kinder erzog sie sorgfältig fast vierzehn Jahre lang mit aller nur erdenklichen Zärtlichkeit, und ebendeshalb blieb sie nicht aus freiem Antrieb in der Blüthe ihrer Jahre so lange Wittwe; aber der Grossvater der Knaben bestand eigensinnig darauf, sie gegen ihren Willen wiederum mit seinem anderen Sohne, Sicinius Clarus, zu verbinden, und dadurch schreckte er die übrigen Freier zurück; ausserdem liess er aber die Drohung fallen, wenn sie einen Fremden heirathe, würde er ihren Söhnen in seinem Testamente nicht das Geringste aus ihrer väterlichen Verlassenschaft letztwillig vererben (denn nach römischem Gesetze stand dem Grossvater über die Enkel und über die Verlassenschaft ihres verstorbenen Vaters ganz unumschränkte Gewalt zu). Da diese Frau in ihrer Klugheit und aus grosser Liebe zu ihren Kindern diese hartnäckig bekanntgegebene Bedingung in Erwägung zog, schliesst sie zwar, damit sie ihren Kindern um deswillen keine Verdriesslichkeiten verursache, mit Sicinius Clarus den verlangten Ehevertrag, schob aber unter allerlei Vorwand die Vollziehung der Hochzeit so lange hinaus, bis endlich ihr Schwiegervater, der Grossvater der Knaben, aus dem Leben schied, nachdem er ihre Söhne als Erben eingesetzt, so dass Pontianus, von Geburt der Aeltere, seines Bruders Vormund wurde.

69. Nach Ueberwindung aller Bedenklichkeiten, da sie von den angesehensten Männern zur Ehe begehrt wurde, beschloss sie, ihre Wittwenschaft nicht länger auszudehnen, weil, falls sie zwar den Ueberdruss der Einsamkeit würde haben aushalten können, sie doch nicht länger das körperliche Uebelbefinden zu ertragen vermochte. Wahrlich diese streng keusche Frau, frei von Fehltritten, frei von üblem Leumund, durch Entwöhnung des ehelichen

Zusammenlebens schwermüthig, durch lange Erschlaffung des Unterleibs angegriffen, fühlte sich durch Erschütterung ihres ganzen weiblichen Organismus oft bis zur höchsten Lebensgefahr durch ausgestandene Schmerzen entkräftet. Die Aerzte und Geburtshelferinnen behaupteten einstimmig, dass das ganze Unwohlsein in Mangel an ehelicher Befriedigung zu suchen sei, das körperliche Unbehagen, das Uebel von Tag sich vergrössern, das geistige Unbehagen, der krankhafte Zustand des Körpers und Geistes heftig zunehme, so lange ihr noch etwas vom Leben übrig bleibe, ihr Gesundheitszustand sich nur durch ein eheliches Band sich verbessern lasse. Nun billigen theils einige diesen Rath, unter anderen ganz besonders dieser Aemilianus, der eben vorhin erst mit unverschämt dreister Lügenhaftigkeit versicherte, dass Pudentilla niemals ans Heirathen gedacht habe, bevor sie durch meine Zaubermittel gezwungen worden sei, und dass ich allein mich habe bereit finden lassen, ihren Wittwenstand, der gewissermaassen eine Art von jungfräulicher Enthaltsamkeit war, durch meine Zaubersprüche und Gifttränkchen zu beflecken. Ich habe oft nicht ohne Grund sagen hören, ein Lügner müsse ein gutes Gedächtniss haben. Dir, Aemilianus, kommt natürlich nicht ins Gedächtniss, dass, bevor ich nach Oea kam, auch Du einen Brief mit der Aufforderung, sich zu vermählen, an ihren Sohn Pontianus, der bereits herangewachsen sich zu Rom aufhielt, geschrieben hast; zeige den Brief her, oder gieb ihn vielmehr jenem selbst. Er lese ihn mit seiner eigenen Stimme vor und mag sich mit seinen eigenen Worten widerlegen [Anfang des Briefes von Aemilianus]. Ist der Brief von Dir? Warum erbleichst Du? Denn von Erröthen kann bei Dir nicht die Rede sein. Ist das Deine eigenhändige Unterschrift? Lies ihn vor, aber etwas lauter, bitte ich, dass Alle einsehen, wie weit seine Aussage mit seiner Handlungsweise im Widerspruch steht, und wie weit er in geringerem Widerspruch mit mir steht, als mit sich selbst [Ende des Briefes].

70. Hast Du, Aemilianus, das Vorgelesene geschrieben? Da steht: „Wohl weiss ich, dass sie sich verheirathen will und muss. Aber auf wen ihre Wahl fällt, weiss ich nicht." Ganz recht, das wusstest Du nicht; denn Pudentilla legte Dir, dessen abscheuliche Bösartigkeit sie längst ganz richtig durchschaut hatte, nur über die Absicht zu heirathen, aber nicht über den Werber das geringste Geständniss ab. Allein, während Du in der Meinung befangen warst, dass sie nun noch Deinen Bruder Clarus ehelichen würde, liessest Du Dich durch trügerische Hoffnung verleiten, und riethest ihrem Sohn Pontianus seine Zustimmung an. Wenn sie also den Clarus, diesen tölpelhaften Menschen, diesen abgelebten Greis geheirathet haben würde, würdest Du von freien Stücken sagen, dass sie ohne jede Kunst der Zauberei schon damals heirathslustig gewesen sei; dass sie nun aber einen solchen jungen Mann, wie Ihr sagt, wählte, behauptest Du, dass sie es aus Zwang gethan habe. Uebrigens habe sie immer eine Heirath verschmäht. Es war Dir, Schamloser, freilich unbekannt, dass man Deinen Brief über diese zarte Angelegenheit noch in der Hand hatte, und unbekannt, dass Du durch Dein eigenes Zeugniss würdest überführt werden. Jedoch gerade diesen Brief wollte Pudentilla als Zeugen und Entdecker Deiner Absicht — da sie Deinen Leichtsinn, Deine Veränderlichkeit, ebenso Deine Verlogenheit und Unverschämtheit kannte — lieber zurückbehalten als aus den Händen geben. Uebrigens schrieb sie ihrem älteren Sohn Pontianus nach Rom über diese Angelegenheit und fügte auch die Beweggründe ihres Entschlusses ausführlich hinzu. Sie erwähnte alle Umstände bezüglich ihres Gesundheitszustandes; ausserdem sei kein langes Ueberlegen am Platze, warum sie länger mit ihrer Vermählung warten dürfe; sie sei bestrebt gewesen, die angestammte grossväterliche Verlassenschaft mit Hintansetzung ihrer eigenen Gesundheit zu vergrössern, dass sie sogar dieselbe mit höchstem Eifer vermehrt habe. Nun sei nach der Götter Willen für beide Söhne die passende Zeit gekommen, dass Pontianus als der Aeltere an seine Verheirathung denken müsse, während sein jüngerer Bruder das richtige Alter erreicht habe, wo er die männliche Toga anlegen werde. Endlich dürfe sie nun auch daran denken, dass sie dem Uebel ihrer Vereinsamung und ihrem Gesundheitszustand Rechnung trage und Abhülfe schaffe und ein Ziel setze. Uebrigens hätten sie Nichts zu befürchten bezüglich ihrer Mutterliebe und testamentarischer Bestimmung ihres letzten Willens. Gerade so wie sie es als Wittwe gewesen, werde sie in Zukunft ihren Söhnen auch ebenso eine gute Mutter bleiben. Ich werde die Abschrift ihres an den Sohn abgeschickten Briefes vorlesen lassen. (Brief der Pudentilla an ihren älteren Sohn Pontianus.)

71. Ich glaube, dass Jedem aus dem Vorgelesenen hinlänglich einleuchten könne, dass Pudentilla nicht durch meine Zaubersprüche zur Beendigung des sich vorgenommenen Wittwenthums bewogen wurde, sondern damals durch eigenen Trieb einem neuen Ehebund nicht abgeneigt gewesen sei und mir vielleicht vor Anderen den Vorzug gegeben habe. Nur ist mir unerfindlich, warum diese wichtige Wahl einer Frau mir mehr zum Verbrechen als zur Ehre angerechnet sein soll. Nur wundere ich mich doch, dass gerade Aemilian und Rufinus den Entschluss der Frau schmerzlich empfinden, da die, welche die Pudentilla sich selbst zur Ehe erbaten, es mit Gelassenheit ertragen, mich ihnen vorgezogen zu sehen. Weil sie bei diesem Beschluss mehr dem Wunsch ihres Sohnes als ihrer eigenen Neigung nachgab. Diese Thatsache wird auch selbst Aemilianus nicht abläugnen können. Denn Pontianus eilt nach Empfang des Briefes seiner Mutter im Fluge und unverzüglich von Rom hierher, aus Furcht, dass wenn sie etwa einen Geizhals zum Manne bekäme, Alles, wie es oft geschieht, ins Haus des Ehemanns brächte. Diese Bekümmerniss beunruhigte sein Herz nicht wenig. Alle seine und seines Bruders Hoffnungen waren auf die Vermögensverhältnisse der Mutter gegründet. Der Grossvater hatte ihnen nur ein mässiges Erbtheil hinterlassen, während ihrer Mutter ein Besitz von vier Millionen Sesterzien zugefallen war. Von diesem bedeutenden Erbe schenkte sie allerdings ihren Söhnen eine ziemliche Geldsumme, deren Empfang durch keine Rechnungsbücher oder Schuldverschreibung, sondern auf Treu und Glauben verbürgt war. Diese Besorgniss liess sich Pontianus nicht merken, er wagte nicht vor aller Welt feindlich aufzutreten, um nicht seinen Mangel an Vertrauen zu verrathen.

72. Als nun die Angelegenheit in dieser Verfassung sich befand, komme ich unter Anwerbung um die Mutter und Besorgniss des Sohnes, ob durch Zufall oder Bestimmung hier an, in der Absicht nach Alexandrien zu gehen. Wahrlich ich würde gesagt haben. wäre es doch nie geschehen, wenn mich nicht die Rücksicht gegen meine Frau davon abhielte. Es war zur rauhen, stürmischen Wintersjahreszeit. Ich, von der Ermüdung der Reise leidend, ruhte mich bei den Appiern, diesen meinen bewährten Freunden, die ich aus Achtung und Liebe erwähne, mehrere Tage aus. Dahin kommt Pontianus auf Besuch zu mir, denn er war mir vor nicht eben vielen Jahren zu Athen durch einige gemeinschaftliche Freunde näher getreten und darauf durch enge Stubengenossenschaft vertraulich verbunden. Er bietet sorgfältig alles auf bezüglich meines Ansehens, ängstlich besorgt um meine Gesundheit, voll kluger Berechnung in Betreff meiner Liebe zu seiner Mutter, da er glaubt, einen sehr geeigneten Gemahl für seine Mutter gefunden zu haben, dem er ohne Bedenken das Glück des Hauses anvertrauen könnte. Und zuerst nun machte er den Versuch, meine Ansichten und Gesinnungen auf Umwegen unter verblümten Aeusserungen auszuforschen; weil er sieht, wie ich nach der Abreise leidenschaftlich verlange und einer Vermählung mich abgeneigt zeige, bittet er, dass ich wenigstens ein Weilchen warten möge, er wolle dann selbst mit mir reisen. Man müsste den nächsten Winter als sicherere Jahreszeit abwarten wegen der Sandwüstengluth mit ihren wilden Thieren, weil meine Unpässlichkeit mich die passende Jahreszeit und den rechten Zeitpunkt versäumen liess. Auf vieles Bitten erlangte er von meinen Freunden, den Appiern, die Erlaubniss, dass ich zu ihm ins Haus seiner Mutter umziehe, wo ich eine gesunde Wohnung vorfinden würde, ausserdem einen herrlichen Ausblick aufs Meer, der mir höchst erwünscht war, und den ich von dieser Wohnung aus mit mehr Freiheit geniessen könnte.

73. Alle diese Umstände macht Pontianus mir annehmbar und, gestützt auf seine mit grösstem Eifer fortgesetzten Bemühungen überredet er mich und empfiehlt mir seine Mutter und seinen hier anwesenden jüngeren Bruder: In mancher Hinsicht würden bei gemeinschaftlicher Beschäftigung meine Rathschläge ihnen förderlich werden können. Es wächst in kurzer Zeit die herzliche Vertraulichkeit. Darauf halte ich auf allgemeines Verlangen einen öffentlichen Vortrag. Alle Anwesenden füllten durch ungeheuren Zulauf den Gerichtssaal, als den Ort der Zuhörerversammlung. Unter vielen anderen Zeichen der Anerkennung jauchzt man durch einstimmigen Zuruf mir auffälligen Beifall zu mit dem Ersuchen, dauernd zurückzubleiben und Oeensischer Bürger zu werden. Als sich bald darauf die Zuhörerschaft entfernt hatte, macht sich Pontianus nach diesem glückverheissenden Anfang sofort an mich und legt diese Uebereinstimmung des öffentlichen Beifalls für ein göttliches, höheres Wahrzeichen aus und eröffnet mir nebenbei, dass er selbst mit dem Plane umgehe: ob ich nicht einverstanden wäre, seine Mutter, nach deren Besitz viele gierig trachteten, ehelich mit mir zu verbinden, weil er mir allein, sagt er, in allen Angelegenheiten Vertrauen und Glauben schenke. Er trägt sie mir mit dem Bemerken an, ob ich nicht dieses Opfer bringen wolle, nicht weil sie eine schöne Mündel, sondern Mutter von zwei Kindern, wenngleich von unerheblichem Aussehen sei. Allein in Erwägung dessen, der äussern Gestalt und des Reichthums halber, könnte ich mich zwar für eine Heirathspartie aufsparen, ich würde dann aber weder nach Freundes- noch Philosophenart handeln. Die Wiederholung dieser mündlichen Unterredung über diesen Gegenstand unserer Verhandlung würde zu weitläufig werden, wie oft und wie lange unter uns verhandelt und hin und her gesprochen wurde, mit wie vielen und mannigfaltigen Bitten er mich bestürmte und nicht nachliess, bis er endlich seinen Willen durchgesetzt hatte. Nicht, dass ich nicht Pudentilla nun ein Jahr hindurch ununterbrochen beim beständig geselligen Verkehr in der Familie als brav erfunden und die vielen Gaben ihrer reichen Vorzüge erforscht hätte, allein immer noch voll Reiselust längere Zeit ein Ehebündniss verweigert hatte. Bald jedoch wurde der Wunsch nach einer solchen Frau nicht weniger leidenschaftlich, als hätte ich sie aus freien Stücken begehrt. Derselbe Pontianus hatte durch Ueberredung bei seiner Mutter es dahin gebracht, dass sie mich allen anderen Bewerbern vorzog und sobald als möglich den Vollzug der Ehe mit unglaublichem Eifer betrieb. Kaum erwirkten wir von ihm eine kurze Vertagung auf solange, bis Pontianus sich selbst verheirathet haben und sein jüngerer Bruder mit der männlichen Toga (im sechszehnten Jahr) bekleidet sein würde, dann endlich wollten auch wir uns ehelich verbinden.

74. Bei Gott, könnte ich doch, was mir noch zu sagen bleibt, ohne Gefahr für meine Angelegenheit mit Stillschweigen übergehen, dass es nicht den Anschein nimmt, als ob ich nun dem Pontianus, dem ich, weil er für seinen Irrthum um Schonung bat, geradezu verziehen habe, nun seinen Wankelmuth doch noch vorrücke. Ich gestehe nämlich den mir gemachten Vorwurf offen ein, dass er nach seiner Verheirathung von der Versicherung des gegenseitigen Einverständnisses sich los gemacht habe, und dass er, urplötzlich an Gesinnung verändert, was er vorher mit übertriebenem Eifer beschleunigt wissen wollte, darauf versessen war, mit gleich übertriebener Hartnäckigkeit zu verhindern, und dass endlich Vorkehrungen von ihm getroffen wurden, alles nur Mögliche über sich ergehen zu lassen, um alles nur Mögliche zu thun, um den Vollzug unserer ehelichen Vereinigung zu hintertreiben. Obwohl die ganze abscheuliche Sinneswandlung und das entstandene gespannte Verhältniss gegen die Mutter nicht diesem selbst als Schuld zuzuschreiben ist, sondern seinem hier anwesenden Schwiegervater Herennius Rufinus; in Vergleich zu diesem findet sich auf Erden nicht ein Einziger, der ihm entweder an Schlechtigkeit oder Unredlichkeit oder Nichtswürdigkeit gleich kommt. Mit wenigen Worten will ich von dem Menschen, so leidenschaftslos als ich kann, nothgedrungen ein Bild entwerfen, damit er, wenn ich überhaupt die Schilderung seiner Handlungsweise übergangen hätte, nicht seine Mühe vergeudet sehen soll, weil er mir diesen Prozess aus allen Leibeskräften zusammenschmiedete. Dieser Herennius Rufinus ist nämlich der Aufhetzer dieses Bürschchens, ist der Anzettler der Anklage, der Pächter der Rechtsanwälte, der Aufkäufer der Zeugen, die Brutstätte des ganzen Lügengewebes, der Sporn und Stachel dieses Aemilian, und er prahlt gar noch vor allen höchst unbesonnen, dass ich durch seine Ränkesucht und Kunstkniffe als Beklagter gerichtlich belangt wurde. Und er erblickt darin ein Kunststück seiner Feindlichkeit, worüber er sich freut und sich selbst Beifall zuklatscht. Er ist nämlich Unterhändler aller Streitereien, aller Lügen Erfinder, aller Ränke Schmied, aller Schandthaten Brutanstalt, ebenso aller Wollüste und Kneipen Koth, Dreck, Pfuhl, schon von frühester Jugend an durch alle Arten von Niederträchtigkeit in Aller Augen berüchtigt: Frühzeitig im Knabenalter, bevor ihn noch diese Glatze verunstaltete, war er den Knabenschändern bei allen Schändlichkeiten willfährig. Bald darauf im Jünglingsalter trat er in pantomimischen Tänzen auf, völlig gelenkpuppenhaft und kautschukartig, aber wie ich höre, von geschmackloser, ungeschickter Schlapphaftigkeit. Auch spricht man ihm alles Schauspielerische ab ausser das Unzüchtige.

75. In seinem jetzigen Alter — mögen ihn die Götter verderben, mit gütiger Erlaubniss Euren Ohren zu melden — ist sein jetziges ganzes Haus eine Kuppelherberge, sein ganzes Hausgesinde lustbefleckt, er selbst schamlos, sein Weib eine öffentliche Buhlerin, die Kinder ganz von ähnlichem Schlage. Tag und Nacht zur Kurzweil der lasterhaften Jugend, die Thüren durch Fusstritte gesprengt, die Fenster von wildem Gesang umrauscht, das Speiselager beunruhigt von dem Getobe der Zechbrüder, das Schlafgemach ein Zugang für die Buhlen. Es ist nämlich Jedem der Eintritt ohne Bedenken gestattet, ausgenommen dem, der dem Gatten das Draufgeld nicht entrichtet. So ist die Unzucht seines Ehebettes gewinnbringend. Ehedem erzielte seine Anschlägigkeit mit eigenem, jetzt mit seines Weibes Leib allenthalben Verdienst; mit ihm selbst werden die Meisten, ungelogen sag' ich's, über die Nächte der Hausfrau einig. Daher besteht, wie gesagt, nun jenes allgemein bekannte, unter den beiden Gatten abgekartete Einverständniss. Jeder, der da dem Weibe die ansehnliche Spende abliefert, kann nach freiem Belieben abziehen, Niemand lauert ihm auf. Wenn Unbemitteltere sich einfinden, werden sie auf verabredetes, gegebenes Zeichen als Ehebrecher ergriffen und dürfen, als ob sie zum Sammeln von Erfahrungen gegen ein Lehrgeld gekommen seien, nicht früher abtreten, bis sie auf eine schriftliche Verpflichtung eingegangen sind. Denn was soll der unglückliche Mensch anfangen, aus der bedeutenden Höhe seines Glücks und Reichthums herabgestürzt, den er durch die Betrügereien seines Vaters unverhofft vorgefunden? Sein Vater, sehr vielen Gläubigern verschuldet, wollte lieber Geld als Schamgefühl besitzen. Denn da er überallher um Schuldposten gepeinigt und wie ein Wahnsinniger von allen seinen Gläubigern angehalten wurde, bittet er um Gnade und sagt, dass er zahlungsunfähig sei, legt seine goldenen Ringe und alle ehrenvollen Auszeichnungen ab und schliesst mit seinen Gläubigern einen Vergleich. Im betrügerischen Bankerott lässt er sein ganzes Hab und Gut auf den Namen seiner Frau eintragen; er selbst in Dürftigkeit, ganz entblösst, nur mit Schimpf und Schande bedeckt, hinterlässt diesem Rufinus ungelogen 300,000 Sesterzien zum Verprassen. Ebensoviel fällt ihm unverkürzt von den Einkünften seiner Mutter zu, ausserdem was ihm seine Frau von den täglichen Gewerbseinnahmen zuzubringen sucht. Den ganzen Besitz hat dieser Verprasser mit allem Eifer in seinen Bauch versenkt und in allerhand Völlereien verschwendet, so dass Du glauben könntest, er sei besorgt, dass man versucht sein könnte zu sagen, es stamme das Geld aus dem väterlichen Bankerott. Dieses Menschenkind so ganz recht und schlecht, gab sich alle erdenkliche Mühe, das auf so schlechte Weise erworbene auch auf schlechte Weise wieder verloren gehen zu lassen. Und aus dem ganzen ziemlich reichen Vermögensbesitz behielt er nichts übrig als die elende Ränkelust und bodenlose Genusssucht.

76. Uebrigens entsagte nun seine Frau, schon ziemlich alt und abgemergelt, endlich ihren Unzuchtsgelüsten. Die Tochter aber, durch wohlhabendere junge Leute auf Anreizung ihrer Mutter ohne ehelichen Erfolg feilgeboten, wenn schon einigen Freiern auf Probe bereitwilligst überlassen, wäre sie nicht der Willfährigkeit des

Pontianus in die Hände gefallen, würde sie vielleicht jetzt noch gattenlos, bevor sie verehelicht, einsam zu Hause auf Lager sitzen geblieben sein. Pontianus schenkte, obgleich wir gar nicht wenig abriethen, ihr den ungerechtfertigten Scheintitel der Verehelichung, nicht in Unkenntniss darüber, dass sie, bevor er sie in sein Haus führte, von einem höchst ansehnlichen Jüngling, dem sie früher versprochen war, nachdem er ihrer überdrüssig geworden, im Stiche gelassen worden war. So kommt sie in sein Haus als Neuvermählte mit keckem Selbstvertrauen, mit frecher Stirn, schamgeplündert, mit verbuhlter Jungfräulichkeit, mit beflecktem Brautschleier, wieder Jungfrau nach dem jüngsten Scheidebrief, mehr mit Ueberbringung des Namens als der Unschuld eines Mädchens. Sie kam in einer Sänfte von acht Sclaven getragen hier an. Wahrlich, Ihr, die Ihr hier waret, habt sie gesehen, als sie ankam, wie eine Kokette, eine unverschämte Herumspäherin nach jungen Leuten, wie eine gefallsüchtige Prahlerin mit ihren Reizen. Wer hat da nicht die Schulung der Mutter heraus erkannt, als er an dem Mädchen den angefärbten Mund, dann die roth geschminkten Wangen, dazu die buhlerischen Augen sah? Die ganze Mitgift war vom Gläubiger bis auf den letzten Heller tags zuvor entnommen und zwar in grösserer Ausdehnung, als es die Verhältnisse, als es das an allen Mitteln erschöpfte, nur an Kindern zahlreiche Hauswesen gestattete.

77. Aber dieser Rufinus arm an Besitz, reich an Hoffnung, dessen Geiz mit seiner Bettelarmuth in gleichem Verhältniss stand, machte die Rechnung ohne den Wirth und ging leer aus und glaubte schon das ganze Vermögen der Pudentilla von 4,000,000 in der Tasche zu haben und beschloss deshalb, mich bei Seite zu drängen, damit er um so leichter die Willfährigkeit seines Schwiegersohnes Pontianus und die Pudentilla in ihrer Hilflosigkeit besser umgarnen könnte. Er fängt an, seinen Schwiegersohn auszuschelten, weil er mir seine Mutter verlobt habe; er räth ihm, so bald als möglich seine Hand aus grosser Gefahr zurückzuziehen, so lange es noch angeht; er möge sich vielmehr das bedeutende Vermögen der Mutter selbst erhalten, als dass er es bei vollen Sinnen einem Ausländer abtrete. Der alte Fuchs jagt im Verweigerungsfalle dem verliebten Bürschchen Schreck ein; er droht, dass er seine Tochter wieder mit nach Hause führen werde. Was weiter? Er lenkt den unerfahrenen, willenlosen, jungen Menschen, der ausserdem von den Verführungskünsten seiner Neuangetrauten im Zügel gehalten wird, nach seinem Ermessen vom Weg ab. Pontianus geht zu seiner Mutter als Zuträger der eingelernten Worte des Rufinus. Allein, da er vergebens die Beharrlichkeit des Entschlusses seiner Mutter zu erschüttern versucht hatte, wird er sogar von seiner Mutter wegen seiner Flatterhaftigkeit und Unbeständigkeit hart angelassen. Die Antwort an seinen Schwiegervater fällt nicht glimpflich aus. Nach seiner Rückkunft berichtet er: seine Mutter habe, entgegen ihrer sonstigen Friedfertigkeit und ihrem ruhigen Charakter, auch bei seinem Vorschlag der Zorn überkommen, ein nicht zu unterschätzendes Beförderungsmittel ihrer Beharrlichkeit. Endlich habe sie geantwortet, dass es ihr wohl bekannt sei, dass dieser Streit mit ihr nur auf Anstiften ihres Schwagers Rufinus entbrannt sei; umsomehr müsse sie sich Schutz und Beistand eines Gatten gegen die heillose Habsucht Jenes zu verschaffen suchen.

78. Nach diesem Bericht wurde dieser Gelegenheitsverkuppler seines Weibes so aufgebracht, schwoll so voll Wuth, entbrannte so von Zornesgluth, dass er gegen die frömmste und keuscheste Frau in Gegenwart ihres Sohnes die frechsten Ausdrücke und Beleidigungen ausstiess, würdig nur seiner eigenen Wirthschaftsbude. Vor vielen Zuhörern nannte er Pudentilla laut eine Buhlerin, mich einen Zauberer und Giftmischer, und sollte es verlangt werden, will ich die Zeugen nennen. Er setzte noch hinzu, dass er mir mit seiner eigenen Hand den Tod geben werde. Wahrhaftig, kaum kann ich Herr über meinen Zorn werden. Eine ungeheure Entrüstung erhob sich in meiner Seele. Du also, Du Ausbund von Schlaffheit, Du drohst einem Manne mit Deiner Hand den Tod? Mit welcher Hand wohl? Der der Philomela oder der Medea, der der Clytaemnestra? Wenn Du eine dieser Rollen tanzend darstellst, ist Dein Mangel an Muth so bedeutend, Deine Furcht vor Eisen so gross, dass Du gewöhnlich ohne die ungefährliche Komödiantenplempe tanzest. Allein damit ich nicht zu weit von der hauptsächlichen Reihenfolge abschweife, fahre ich fort: Pudentilla begiebt sich, da sie ihren Sohn — offenbar durch falsche Rathgeber verführt — wider alles Vermuthen gegen ihre eigene Herzensneigung eingenommen sieht, aufs Land und schreibt an diesen, um ihn gehörig abzukanzeln, jenen höchst bedeutungsvollen Brief, worin sie, wie jene aussagten, offen bekennt, dass sie durch meine Zauberkunst zur Liebe verleitet, von Sinnen und ausser Rand und Band gekommen sei. Diesen Brief nun habe ich vor drei Tagen aus dem Archiv in Gegenwart des Pontianus und unter Controle der Gegenzeichnung des Aemilianus auf Dein Geheiss, Maximus, vor Zeugen abschreiben lassen, worin alle die lügenhaften Aussagen dieser Ankläger nur zu meinem Vortheil ausschlagen.

79. Indess, setzen wir den Fall, sie hätte mich ganz entschieden als Zauberer bezeichnet, so hätte es den Anschein nehmen können, dass sie, als einen Entschuldigungsgrund der Mutter vor dem Sohne, lieber meinen mächtigen Einfluss auf sie als ihre eigene Zuneigung zu mir als Grund vorzuschützen beabsichtigt habe. Oder hat nur Phädra ein untergeschobenes Briefchen über Liebe ersonnen? Oder ist etwa dieser Kunstkniff bei allen Weibern nicht etwas ganz Gewöhnliches, dass, wenn ein derartiges Liebesbegehren Platz gegriffen hat, sie glauben machen wollen, als hätten sie dazu

erst gewaltsam gezwungen werden müssen? Selbst wenn sie auch in ihrer Seele an diesem Glauben fest halten sollte, dass ich ein Zauberer sei, soll ich nun hier wirklich für einen solchen gelten, weil Pudentilla dies geschrieben hat? Trotz der vielen Beweise, trotz der vielen Zeugen, trotz des mühsamen Hin- und Hergeredes bleibt Ihr den Nachweis schuldig, dass ich ein Zauberer bin, und Pudentilla sollte das durch ein Wort nachweisen können? Und um wie vieles gewaltiger muss doch das gelten, was vor Gericht schriftlich bezeugt, als was nur in einem Briefe behauptet wird? Warum überführst Du mich nicht durch meine Thaten, sondern durch Klatscherei von Anderen? Uebrigens könnten auf diesem Wege viele als Beklagte beliebiger Frevelthaten gerichtlich belangt werden, wenn künftighin, was irgend einer etwa in einem Briefe entweder von der Liebe oder dem Hasse Jemandes geschrieben hat, als Thatsache gelten sollte. „Pudentilla hat Dich in einem Briefe einen Zauberer genannt, folglich bist Du ein Zauberer." Oder wenn sie geschrieben hätte, ich sei ein Consul, müsste ich deshalb wirklich einer sein? Wie, wenn sie mich einen Maler genannt oder einen Arzt? Wie, wenn sie mich endlich schuldlos bezeichnete? Würdest Du etwas von alledem glauben, nur um deswillen, weil es Jene gesagt hätte? Durchaus nicht, das versteht sich von selbst. Freilich ist es aber sehr unrecht, Jemandem zwar das Schlechtere zuzutrauen, das Bessere aber absprechen zu wollen; durch einen Brief zu seinem Verderben beitragen zu können, aber ihm keinen Einfluss bei seiner Rettung zuzugestehen. „Es war ein Zeichen ihres erregten Herzens, sie liebte Dich zum Sterben." Ich gestehe es unterdessen zu. Müssen denn nun aber alle, die geliebt werden, Zauberer sein, wenn dies zufällig einmal ein Verliebter schrieb? Denkt Ihr nun, dass Pudentilla mich zu dieser Zeit nicht liebte, wenn sie das für die Oeffentlichkeit schrieb, was mir augenscheinlich zum Schaden ausgehen würde?

80. Was endlich meinst Du, war Pudentilla bei Verstand, oder war sie nicht bei Verstand, als sie den Brief schrieb? Wirst Du erwidern: bei Verstand? Auf keine Weise war sie also von Zauberkünsten beeinflusst. Wirst Du antworten, sie war nicht bei Verstand? Sie hatte also keine Ahnung von dem, was sie schrieb, und deshalb ist ihrer Aussage kein Glauben zu schenken. Nein, wenn sie nicht bei Verstand gewesen wäre, würde sie nicht gewusst haben, dass es ihr an Verstand mangele. Denn wie Einer abgeschmackt handelt, der trotzdem laut bekennt, dass er schweigt, gleichzeitig eben dabei, wenn er sagt, dass er schweige, nicht schweigt und durch dieses Selbstbekenntniss entkräftet, was er laut ausspricht, so steht sogar mehr im Widerspruch, zu sagen: ich bin von Sinnen, was nicht wahr sein kann, wenn er es nicht bei unvollständigem Bewusstsein sagt. Ferner ist der bei Verstand, der weiss, was Verstandesmangel ist. Da bei Bewusstlosigkeit das

Bewusstsein ausgeschlossen ist, ebensosehr als bei Blindheit das Sehen, so war also auch Pudentilla ihrer Sinne mächtig, wenn sie nicht glaubte, dass sie ihrer Sinne mächtig sei. Wenn ich wollte, könnte ich das durch weitere Beispiele beweisen. Ich will den Brief selbst, der klar und deutlich eine ganz andere Sprache führt und gleichsam mit sichtlichem Bemühen zu diesem Prozess zugestutzt und passend gemacht ist, vorlesen lassen. Nimm und lies, während dessen ich den Verdolmetscher machen will. Halte mit dem Folgenden ein wenig inne. Ich will mir hier erst noch eine Bemerkung erlauben. Denn wir sind bei einem Wendepunkte des Thatbestandes angelangt. Bis hierher nämlich, Maximus, wie weit ich wenigstens bemerkt habe, hat meine Frau kein Wort über Zauberei verlauten lassen, sondern es ergab sich aus dem Briefe dieselbe Wiederholung der Umstände, wie ich sie kurz vorher angedeutet und durchgegangen habe: in Bezug auf den langen Wittwenstand, über das Heilmittel gegen Uebelbefinden, über den Wunsch einer Vermählung, über meine rühmlichen Eigenschaften und Vorzüge, die sie durch Pontianus kennen gelernt, über dessen Rath, dass sie mich vor Allen heirathen solle.

81. So lautete bis hierher der Wortlaut des Schreibens; es bleibt noch der Theil des Briefes übrig, der, obgleich in ähnlicher Weise zu meiner Rechtfertigung geschrieben, den Spiess gegen mich umdreht und mir die Hörner zeigt, und absichtlich abgeschickt, um mich von der Beschuldigung der Zauberei zu befreien, durch merkwürdige Ränkesucht des Rufinus die Rolle vertauscht und wider Erwarten die entgegengesetzte Meinung bei einigen Oeensern zu verbreiten sucht, als ob ich ein Zauberer sei. Dir, Maximus, ist in Deinem Leben durch Hörensagen viel zu Ohren gekommen, desgleichen hast Du viel durch Lectüre gelernt, nicht wenig aus der Praxis in Erfahrung gebracht, aber eine so heimtückische, mit so wunderlicher Bosheit angestiftete Verschlagenheit wirst Du gestehen müssen, nimmermehr kennen gelernt zu haben. Welcher Schlaukopf, wie z. B. Palamedes, welcher Schandbube wie Sisyphus und endlich wie Eurybatus oder Phrynondas würde Aehnliches haben aussinnen können? Alle die durch ihre Arglist so berühmt gewordenen Genannten, wenn man sie mit diesem einen Ränkemacher Rufinus vergleicht, werden als Tölpel und Einfaltspinsel erscheinen müssen. O wunderliches Lügengespinnst, o Verschlagenheit, würdig der strengsten Kerkerhaft! Wer sollte es für möglich halten, dass derselbe Wortlaut, welcher meine Vertheidigung gebildet, eben derselbe, zumal dieser Brief sich selbst erhalten hat, zu meiner Anklage würde verwendet werden können? Es ist wahrhaftig unglaublich. Aber wodurch dieses Unglaubliche entstanden, will ich nachweisen.

82. Es war ein mütterlicher Verweis an den Sohn, weil er einen solchen Mann von meiner Art so sehr angerühmt hatte und nun nach der Meinung des Rufinus als Zauberer verschreien wollte. Der Wortlaut selbst war nach folgender Art beschaffen: „Apulejus ist ein Hexenmeister, auch ich bin von ihm behext worden. Er hat es mir angethan, ich liebe ihn in der That. Komme nun zu mir, solange ich noch bei Verstande bin." Diese einzelnen abgerissenen Worte selbst, welche ich griechisch eingeschaltet habe, sind aus dem Zusammenhang gerissen. Rufinus hat sie als offenes Eingeständniss meiner Frau Pudentilla verbreitet, den weinenden Pontianus über den Markt mit sich geführt und vor aller Welt sehen lassen. Diesen Brief meiner Frau Pudentilla insofern, wie gesagt, liess er lesen, das Uebrige was drüber und drunter geschrieben stand, hielt er verdeckt und versicherte, es sei zu unsittlich, als dass es sich zeigen lasse; es genüge, das Bekenntniss meiner Frau bezüglich der Bezauberung von meiner Seite zur Kenntniss zu bringen. Was willst Du? Alle Welt fand die Sache ganz wahrscheinlich. Die Worte, welche zu meiner Rechtfertigung verfasst waren, erregten mir eine riesige Missgunst bei den Unerfahrenen. Dieser unfläthige Mensch richtete durch Aufhetzung der Menge grosse Verwirrung an, er krakelt mitten auf dem Markt unter Lärm und Schreien; indem er den Brief öfters sehen lässt, brüllt er vor aller Welt: „Apulejus ist ein Zauberer, die Frau gesteht es selbst ein, was sie fühlt und leidet." Was wollt Ihr mehr? Keiner fand sich, der für mich einstand und folgende passende Antwort gab: „Gieb gefälligst den ganzen Brief, gestatte, dass ich Alles in Augenschein nehme, vom Anfang bis zu Ende ganz durchlesen kann." Es giebt Vieles, was aus dem Zusammenhang herausgerissen, für sich allein vorgezeigt, der Verläumdung verfallen erscheinen kann; eines Jeden Rede kann straffällig und verdächtigt werden, wenn das, was mit dem Vorausgehenden zusammenhängt, seines Anfangs beraubt wird; wenn aus der Reihenfolge der Schrift der Schluss nach Willkür verschwiegen oder weggelassen wird; wenn das, was der Täuschung halber gesagt wurde, entstellt und mehr mit dem Ausdruck der Ueberzeugung als dem des Tadels zum Vortrag gebracht wird. Diese und andere derartige Beweise, wie sie mit Recht würden angeführt werden können, mag die Reihenfolge des Briefes selbst offen darthun.

83. Du aber, Aemilian, prüfe genau, ob Du mit mir vor Zeugen eine gleichlautende Abschrift genommen. „Als ich mich wegen der angeführten Gründe wieder verheirathen wollte, hast Du mir selbst zugeredet, dass ich ihn, den Apulejus, wählen möchte. Du hegtest nur Bewunderung für den Mann und betriebst eifrig, ihn durch meine Vermittelung unserer Verwandtschaft zuzuführen. Nun aber, da boshafte und heimtückische Gesellen Euch aufreizen und den Kopf verdrehen, ist Apulejus plötzlich ein Zauberer, ein Hexenmeister geworden und ich soll von ihm behext worden sein. Allerdings liebe ich ihn. Kommt nur zu mir, so lange ich noch

bei Verstande bin." Ich bitte Dich, Maximus, wenn Buchstaben, so wie es theilweise von Selbstlautern heisst, auch eine Sprache sich zulegen und selbst reden könnten, wenn Worte, wie es bei Dichtern heisst, mit Schwingen ausgestattet, insgemein fliegen könnten, würden, sobald er diesen Brief gewissenlos zerpflückte, wenig davon vorlas, vieles und das Passendere wissentlich verschwieg, würden dann nicht die übrigen Bruchstücke sich laut haben vernehmen lassen, dass sie freventlich hintangesetzt worden seien? Die unterdrückten und verschwiegenen Worte würden sie nicht aus den Händen des Rufinus entwischt und herausgeflattert sein, den ganzen Markt mit Lärmen erfüllt und gerufen haben, auch sie seien von Pudentilla geschickt, auch sie hätten sich ihres Auftrags zu entledigen? Dem verlogenen und ruchlosen Menschen, der den Versuch mache, durch fremde Zuschrift eine Fälschung zu begehen, solle man nicht sein Ohr leihen, vielmehr nur ihnen allein ein aufmerksames Gehör schenken. Apulejus sei von Pudentilla nicht der Zauberei angeklagt, sondern auf Anklage des Rufinus hin davon losgesprochen. Obgleich sich nun alle diese Stimmen nicht haben vernehmen lassen, offenbaren sie sich nun, wo sie mehr von Nutzen sind, deutlicher als das Licht. Rufinus, Deine Kunstkniffe sind aufgedeckt, Deine Ränke liegen klar vor Augen, Dein Lügengewebe ist enthüllt. Die vorher unterdrückte Wahrheit hebt stolz ihr Haupt und es taucht die Verläumdung wie aus einem tiefen Abgrund hervor.

84. Auf den Brief der Pudentilla stützte sich Eure Herausforderung, durch ihren Brief gehe ich als Sieger hervor. Wenn Ihr nun auch den Schluss des Briefes vernehmen wollt, will ich ihn Euch nicht vorenthalten. Du, Schreiber beim Gericht, sage also, mit welchen Worten die angeblich bezauberte, verstandesberaubte Pudentilla mit ihrer übertriebenen und sinnlichen Liebesleidenschaft ihren Brief schloss. „Ich bin weder verhext noch liebe ich; mein Verhängniss, mein Geschick nur erfüllt sich." Begehrt ihr nun noch mehr? Laut widerspricht auch Pudentilla und nimmt ihre gesunde Vernunft in Schutz vor Eurer Verläumdung durch dieses öffentliche Bekenntniss. Aber den Grund zu ihrer Verheirathung oder die Nothwendigkeit dazu misst sie dem Verhängniss zu, von dem die Zauberei weit abliegt, oder bei welcher überhaupt vielmehr der Begriff des Verhängnisses gänzlich ausgeschlossen bleibt. Denn welche Kraft behalten Zaubersprüche und Zaubertränke, wenn das Verhängniss jedes Dinges wie ein gewaltsamer, reissender Giesbach weder aufgehalten noch in Bewegung gesetzt werden kann? Durch diese ihre Gedanken hat Pudentilla zu verstehen gegeben, nicht nur, dass ich kein Zauberer sei, sondern dass es überhaupt gar keine Zauberei gebe. Ein Glück, dass Pontianus nach seiner Gewohnheit die Briefe seiner Mutter unverstümmelt aufbewahrt hat, ein Glück, weil Euch die Eile der gerichtlichen Untersuchung zuvorkam, dass Euch nicht Zeit gelassen wurde, in dem besagten Brief in aller Ruhe eine Veränderung anzubringen! Dein Werk ist es, Maximus, der Vergünstigung Deiner Fürsorge ist es zu danken, weil Du von Anfang an diese wahrgenommenen Verläumdungen, damit sie zur Zeit nicht noch mächtiger wurden, schnell aus dem Wege geräumt und durch keinen geleisteten Aufschub oder Verzettelung der Angelegenheit lahm gelegt hast. Nimm nun an, dass die Mutter ihrem Sohn irgend ein Geständniss in geheimer Zuschrift über ihre Liebe, wie es zu geben pflegt, anvertraut hat. Wäre das nun wohl recht und billig, Rufinus, ich will nicht sagen kindlich oder auch nur menschenfreundlich, diese Zuschrift zu veröffentlichen und vorzüglich durch Bekanntmachung des Sohnes aller Welt mitzutheilen? Aber bin ich denn albern, dass ich verlange, Du sollst das Schamgefühl eines Anderen achten und bewahren, da Du Dein eigenes verloren hast?

85. Warum aber spreche ich mein Bedauern aus über Vergangenes, da das Gegenwärtige nicht weniger Gelegenheit zu herben Betrachtungen bietet? Soweit schon ist dieser arme Knabe von Euch verdorben worden, dass er seiner Mutter Briefe, die er für Briefe verliebten Inhalts hält, im Angesicht des Tribunals, des Proconsuls, vorliest, und im Angesicht des ehrwürdigsten Mannes, des Claudius Maximus, vor den Standbildern des Kaisers Antoninus Pius, der Sohn seiner Mutter schimpfliche Buhlenstreiche und Liebesgeständnisse vorrückt? Wer ist so mild gestimmt, dass er nicht dadurch erbittert würde? Du Abschaum der Menschen, erforschest Deiner Mutter Gesinnung bei diesen Vorgängen? Du belauerst ihre Blicke? Zählst ihre Seufzer zusammen, spähst ihre Liebeserregungen aus? Fängst ihre Schriften auf und unterschlägst sie? Ueberwachst ihre Herzensgefühle? Stellst Nachforschungen an, was sie in ihrem Zimmer angiebt? Gesetzt, es wäre nicht Deine Mutter, die Du der Verliebtheit zeihst, — ja Deine Mutter ist, ich will nicht sagen eine Buhlerin, sondern überhaupt nicht einmal ein Wesen, das den Namen Weib verdient — darf man da annehmen, dass Du bei dem Gedanken an sie auch nur das einzige richtige Gefühl, die Ehrfurcht gegen Deine Erzeugerin im Auge gehabt hast? O über diesen Deinen unglückseligen Mutterleib, Pudentilla; o Unfruchtbarkeit, weit vorzuziehen dem Kindersegen, zumal von solchen ungerathenen Früchtchen, die dem Sicinius Pudens ähnlich sind! O ihr unseligen zehn Unglücksmonate! O ihr mit Undank vergoltenen vierzehn Jahre des Wittwenthums! Eine Otter, wie ich vernehme, verzehrt die Eingeweide ihrer Mutter und kriecht so ans Tageslicht und durch Verwandtenmord tritt sie ins Leben, aber Dir werden bei lebendigem Leibe und sehenden Auges nun vom herangewachsenen Sohne herbere Stiche beigebracht. Er zerfleischt Dein Schweigen, verunglimpft Dein Schamgefühl, durchbohrt Deine Brust, zieht die innersten

Eingeweide heraus. Solche Dankesgefühle erwiderst Du nettes
Früchtchen der Mutter für das Dir gegebene Leben? Für die erworbene Erbschaft? Für den vierzehn Jahre langen Unterhalt?
In diesen Lehren unterrichtete Dich Dein braver Oheim, damit Du
im Voraus weisst, dass, wenn Deine Kinder Dir ähnlich werden
sollten, Du nicht zu heirathen wagst? Es giebt einen wohl-
bekannten Vers eines Dichters:

„Ich hasse Knaben von frühreifer Weisheit."

Aber wird man nicht erst recht einen Knaben von frühreifer
Arglist verabscheuen und hassen, wenn man erkennt, wie dieses
Scheusal eher erstarkt an Bosheit als an Jahren, eher ruchlos war
als gekräftigt, zwar noch von grüner, unreifer Jugend, aber voll
Arglist, wie ein altersgrauer Bösewicht? Ein solches Scheusal von
einem Sohn ist nun auch um so gefährlicher, weil es mit Rücksicht auf sein Knabenalter erlaubter Weise ungestraft Verderben
bringend sein kann und noch nicht alt und reif genug zur Be-
strafung, aber alt und reif genug zum Unrechthandeln ist. Zum
Unrechthandeln sage ich? Nein zum ruchlosen, grausen, pflichtver-
gessenen Verbrechen gegen die leibliche Mutter.

86. (Vergleiche Gell. XIII, 4.) Die Athener verhinderten
nach allgemeiner Satzung des Anstandes und der Schicklickkeit von
den aufgefangenen Briefen ihres Feindes, des Königs Philipp von
Macedonien, während sonst jeder einzelne öffentlich vorgelesen
wurde, die Vorlesung desjenigen, welcher vom König an seine Gemahlin Olympias gerichtet war. Sie verfuhren gegen ihren Feind
vielmehr schonend, um nicht das Gattengeheimniss bekannt zu
geben, in der Meinung, dass das allgemein heilige Pflichtgefühl dem
persönlichen Rachegefühl vorzuziehen sei. So handelten Feinde gegen
einen Feind. Wie handelst Du als leiblicher Sohn gegen die leibliche Mutter? Siehst und merkst Du denn nun wohl, wie ich Aehnliches
vergleichen will? Du, der Sohn, liesest öffentlich den von der Mutter
über die Liebe, wie du sagst, verfassten Brief in dieser Versammlung
vor und stellst sie bloss, wo du dich weigern würdest, wenn man
Dir zumuthen wollte, eine etwas schlüpfrige Dichtung vorzulesen.
Wenn nicht aus Liebe zur Mutter, musstest Du durch irgend einen
Funken von Scham daran gehindert werden; nein, niemals würdest
Du Dich darauf eingelassen haben, irgend einen Brief Deiner Mutter
zu berühren, wenn Du nur einmal Dich mit den Wissenschaften
eingelassen hättest. Wie kann von Scham die Rede sein, da Du
ohne Bedenken Deinen Schmähbrief auf die Mutter vorlesen
liessest, den so übertriebenen unehrerbietigen, so über die Maassen
ehrenrührigen und so schimpflich über die Mutter verfassten, den
Du, obwohl Du noch von ihrer Mutterliebe an ihrer Seite Dein
Leben fristetest, insgeheim an Pontianus geschickt hattest. Du
würdest nicht einmal gesündigt haben und Deine so nette That

würde in Vergessenheit gerathen, Du Elender erkanntest aber nicht, dass Dein Oheim dies Alles nur geschehen liess, um sich dadurch vor den Augen der Welt zu rechtfertigen, wenn man erkennen würde, dass Du auch schon früher, ehe Du zu ihm hinzogst, auch da schon, als Du noch Deine Mutter umschmeicheltest, ein gewissenloser Gleissner warst.

87. Uebrigens kann ich es nicht über mich gewinnen zu glauben, dass Aemilian so thöricht war, dass er meinte, der Brief eines Knaben, und zumal dieses meines Anklägers, werde schaden können. Es war aber auch jener Brief erdichtet, nicht von meiner Hand geschrieben und keineswegs glaubwürdig erfunden, wodurch sie den Schein verbreiten wollten, dass meine Frau Pudentilla von mir durch Schmeichelkünste verführt worden sei. Warum liess ich mich erst auf Schmeicheleien ein, wenn ich mich fest auf meine Zauberei hätte verlassen können? Auf welchem Wege aber gelangte der Brief zu ihnen? Er wurde, versteht sich, durch irgend einen Getreuen von Pudentilla geschickt, wie das bei einem solchen Liebeshandel pünktlich besorgt zu werden pflegt. Warum schrieb ich in so fehlerhaften Ausdrücken, in so roher Sprachweise, von dem sie ja behaupten, dass ich sehr redegewandt und des Griechischen und Lateinischen höchst kundig sei? Weshalb aber sollte ich in so abgeschmackten und gewöhnlichen Schmeicheleien, wie sie nur in Buden gemacht werden, belfern? Von dem sie behaupten, dass ich in Liebesgedichten ganz artig schäkere. So kann also gar kein Zweifel obwalten, dass der Brief gefälscht und untergeschoben ist. Zudem wird es Jedem klar, dass dieser, der den in besserm Griechisch abgefassten Brief der Pudentilla nicht lesen konnte, seinen leichter las und mit passenderer Betonung vortrug. Allein ich werde nun über diesen Brief genug gesagt haben nach Hinzufügung des Folgenden. Nun soll Pudentilla, welche aus Schalkhaftigkeit und Kurzweil geschrieben hatte: „Komme, so lange ich noch bei Verstand bin," nach diesem Briefe ihre Söhne und die Schwiegertochter zu sich gerufen und mit ihnen fast zwei Monate verlebt haben. Es sage dieser liebevolle Sohn, was er in diesem Zeitraum minder Gutes oder Schickliches von seiner Mutter bei solcher Sinnesverwirrung im Thun oder Reden bemerkt habe, er wird nicht zu läugnen vermögen, dass sie die Rechnungen der Vögte, der Schäfer, der Reitknechte verständnissvoll geprüft und ihre Namensunterschrift beigesetzt habe; er wird nicht läugnen können, dass sein Bruder Pontianus ernstlich von ihr ermahnt worden sei, sich vor den Ränken des Rufinus vorzusehen; er wird nicht läugnen können, dass er wirklich gescholten wurde, weil er den von seiner Mutter empfangenen Brief allgemein verbreitet, doch nicht einmal gewissenhaft und genau vorgelesen hatte; er wird nach dem Gesagten nicht läugnen können, dass seine Mutter sich mit mir schon am gemeinschaftlich verabredeten Orte auf dem Landsitze verheirathet hatte.

88. Wir hatten es nämlich für gut erachtet, in dem Landhause nahe bei der Stadt unsere Verbindung zu bewerkstelligen, damit die Bürger nicht aufs Neue veranlasst wurden, zur Empfangnahme von Geschenken her zu eilen, da Pudentilla kurz vorher von dem Ihrigen 500,000 Sesterzien unter das Volk an dem Tage hatte vertheilen lassen, als Pontianus sich verheirathete und dieser junge Mann mit der männlichen Toga bekleidet wurde; ausserdem, um die vielen und lästigen Schmausereien zu ersparen, welche nach altem Herkommen Neuvermählten beinahe immer angesonnen werden. Hier, Aemilian, hast Du den ganz richtigen Grund, warum der Ehevertrag zwischen mir und Pudentilla nicht in der Stadt, sondern auf dem Landhause nahe bei der Stadt urkundlich bestätigt wurde, um nämlich nicht abermals 500,000 Sesterzien vergeuden und um nicht mit Dir oder bei Dir schmausen zu müssen. Ist das ein passender Grund? Ich wundere mich jedoch, dass Du trotz einer gar so starken Abneigung vor dem Landsitz doch meist auf dem Lande lebst. Nirgends, so viel ich weiss, enthält das julische Gesetz über die Eheordnung etwa folgendes Gebot: „Du sollst auf dem Lande keine Frau nehmen." Nein, wenn Du die Wahrheit wissen willst, ein Eheweib wird bezüglich der Nachkommenschaft unter weit günstigeren Umständen auf dem Lande als in der Stadt heimgeführt, auf fruchtbarem Grund besser als auf ertraglosem Boden, nahe bei den grünen Matten des Feldes, als auf dem Basaltpflaster des Marktes: wenn die zukünftige Erzeugerin im Schooss der ewig schaffenden Natur, dem Symbol der Fruchtbarkeit, ihr Hochzeitsbett aufschlägt, mitten in herangereiften Saaten, auf reich ergiebiger Scholle, oder wenn sie als Gattin mit einem Gemahl vereinigt unterm Ulmenbaum sich ergötzt auf dem Schooss der Mutter Erde, unter den Sprösslingen der würzigen Kräuter, den Setzlingen des Weinstocks und unter den Knospen der Bäume. Damit stimmt auch jener berühmte Vers im Schauspiel ganz angemessen überein:

> Kräftige Kinder auf dem Lande gedeihen.

Den Vorfahren der Römer, den Männern, wie Quintius und Serranus und vielen anderen ähnlichen, sind nicht nur Gattinnen, sondern auch die Aemter des Consulats und der Dictatur auf ihren Feldern angetragen worden. Ich werde mich zurückhalten bei einem so reich ergiebigen Thema, damit ich Dir, dem Landmanne, nicht einen Gefallen erweise, wenn ich das Landleben anpreise.

89. Ueber das Alter der Pudentilla, über das Du bei Deiner Behauptung, dass sie sechzig Jahre alt sich verheirathet habe, unverschämt und dreist genug gelogen hast, über diese Altersangabe will ich Dir kurz antworten; denn in einem so augenscheinlichen

Falle ist es nicht nöthig, sich in weiteren Streit einzulassen. Ihr Vater hat die ihm freigeborene Tochter nach erfolgter Namenszutheilung bei dem Vorsteher der Schatzkammer im Tempel des Saturnus nach üblicher Sitte officiell angemeldet. Documente, die zum Theil im öffentlichen Hauptarchiv, theils im Hause verwahrt werden, sollst Du nun selbst besichtigen. Reiche dem Aemilian diese Documente hin. Er mag sich die Schnur genau besehen, womit sie zugebunden sind, das aufgedrückte Siegel prüfen; lies die Consuln ab und rechne die Jahre zusammen. Von den sechzig Jahren, die Du meiner Frau anrechnest, wird sie wohl nur fünfundfünfzig gelten lassen. Da hast Du ganze fünf Jahre, ein Lustrum, dazu gelogen. Ich werde mich also zu einem Gegengeschenk bequemen müssen. Wie Ulysses beging Aemilian, dieser Mezentius, dieser Gottesverächter, einen Irrthum von zehn Jahren. Er mag sie wenigstens für eine fünfzigjährige Frau erklären. Was, noch mehr? Um mit diesem Vervierfacher weiter zu verhandeln, versteige ich mich zu einem zweimal fünffachen Zeitraum und bringe ein für allemal zwanzig Jahre in Abzug. Lasse, Maximus, den Zeitraum der Consuln überschlagen, so wirst Du, wofern ich nicht irre, finden, dass der Pudentilla nicht viel über vierzig Jahre verstrichen sind. O über diese falsche, dreiste, auffallende Betrügerei, die mit zwanzig Jahren Verbannung zu bestrafen wäre! Um die Hälfte so viel, Aemilianus, wagst Du Unwahres zusammen zu lügen, zählst anderthalb mehr! Wenn Du dreissig für zehn Jahre gesagt hättest, hätte es den Anschein nehmen können, dass der Fehler auf einem Rechnungsüberschlag beruhe, da Du beim Zählen die Finger geöffnet hast, welche Du hättest zusammenballen sollen. Da aber die Zahl vierzig sich sehr leicht durch die ausgestreckte Hand andeuten lässt, so vermehrtest Du die Zahl durch die Hälfte, und so kann der Irrthum Deiner Berechnung nicht durch die Lage der Finger entstanden sein; wenn Du nicht meintest, dass Pudentilla nur dreissig Jahre alt sei, und Du hast dann die Jahre mit zwei multiplicirt, weil Du jedes Jahr zwei Consuln gezählt hast.

90. Ich will diesen Fall übergehen und komme nun zum Hauptpunkt der Anklage. Es mag Aemilianus und Rufinus Rede und Antwort geben, aus welchem Sonderinteresse, wiewohl ich ein ganz ausgemachter Zauberer sein soll, ich die Pudentilla durch Hexenkünste und Zaubertränke zur Ehe verlockt habe. Ich weiss jedoch ganz wohl, dass sehr viele Beklagte, die man irgend eines Verbrechens wegen gerichtlich belangt, wenn nachgewiesen wurde, dass es gewisse Gründe waren, warum sie jenes verübten, nichts destoweniger bei Ausführung wie bei Ablehnung eines Vergehens durch den einzigen Nachweis sich hinreichend gerechtfertigt haben, dass ihr ganzes Sein und Wesen gar sehr vor solchen Frevelthaten zurückschrecke, und ihnen auch das nicht schaden dürfe, weil augenscheinlich gewisse Verlockungen zur Verübung der Freveltbat bestanden hätten. Das, was möglicher Weise hätte geschehen können, darf man noch lange nicht als geschehen ansehen. Die Wechselfälle in der Welt gestalten sich verschiedentlich. Die untrüglichste Zeugenaussage eines Jeden sei sein Charakter, welcher immer durch dieselben angeborenen Neigungen zur Tugend oder zur Schlechtigkeit angeregt, standhaft aushält und einen zuverlässigen Beweisgrund für die Annahme eines begangenen oder zurückgewiesenen Verbrechens liefert. Obgleich ich das gerechter Maassen erwidern könnte, so erlasse ich Euch das doch, und es dünkt mich nicht genug, wenn ich von allen Euern Verdächtigungen mich mehr als hinlänglich gerechtfertigt habe. Wenn ich aber immer bedacht war, dass auch nicht der kleinste Verdacht der Zauberei aufrecht zu erhalten ist, so erwägt bei Euch, mit wie grosser Zuversicht auf meine Unschuld und noch mit weit grösserer Verachtung Eurer elenden Anschläge ich meine Sache führen will. Wenn auch nur eine Ursache, selbst die kleinste, gefunden werden könnte, warum ich die Ehe mit Pudentilla zur Erreichung irgend eines Vortheils gesucht haben sollte, wenn Ihr das geringste beliebige Sonderinteresse meinerseits nachgewiesen haben würdet, so will ich mich für einen Tarmoendas erklären lassen oder für einen Damigeron, oder für einen Velus, oder Moses, oder Johannes, oder Apollobeches, oder selbst für einen Dardanus, oder für jeden Andern erklären lassen, der nach Zoroaster und Ostanes unter den Magiern berühmt geworden ist.

91. Sieh' nur, ich bitte, Maximus, welchen Lärm man erhebt, weil ich einige wenige der Magier ausdrücklich mit Namen herzählte. Was soll ich mit diesen so ungebildeten, so rohen Leuten beginnen? Soll ich sie abermals zu belehren versuchen, dass ich diese und noch weit mehr andere Namen in den öffentlichen Bibliotheken bei den berühmtesten Schriftstellern gelesen habe? Oder soll ich mich mit ihnen in Streit einlassen, dass es etwas ganz anderes ist, die Kenntniss von Namen zu besitzen, als der Genossenschaft dieser Kunst anzugehören, und dass ein wissenschaftliches Rüstzeug und ein Ausweis von Bildung noch lange nicht als Bekenntniss eines Schuldvergehens gelten darf? Oder soll ich, was viel dienlicher ist, im Vertrauen auf Deine Einsicht, Deine Gelehrsamkeit und Deine grossen Kenntnisse, Claudius Maximus, soll ich es lieber unterlassen, diesen ungebildeten Dummköpfen auf ihre Albernheiten zu antworten? Ich will lieber so verfahren. Mögen sie über mich denken, was sie wollen, ich werde es für Nichts erachten. Ich will fortfahren, wie ich begonnen habe, zu beweisen, dass ich keine Veranlassung gehabt habe, Pudentilla durch Zaubermittel zur Heirath zu verlocken. Das Aussehen meiner Frau und ihr Alter haben sie ihr auf schnöde Weise vorgeworfen und diesen Umstand mir ebenfalls als Schuld

angerechnet, eine solche Frau aus Habsucht zum Ziel meiner Wünsche gemacht und sogar bei unserer Vereinigung zu allererst die grosse und reiche Mitgift entführt zu haben. Es ist nicht meine Absicht, Maximus, darauf einzugehen und Dich durch eine lange Auseinandersetzung zu ermüden. Es bedarf nicht vieler Worte, da die Ehe- und Erbschaftsdocumente viel beredter sprechen, worin Du alle die Verfügungen, entgegengesetzt den Absichten, wie sie Jene nach dem eigenen Raubsuchtsgelüste ähnlich auch bei mir vermutheten, und die Thatsachen bei gegenwärtiger Lage der Dinge und Vorsichtsmaassregeln für die Zukunft bestätigt finden wirst. Denn zuerst wirst Du das mässige Heiratbsgut dieser höchst begüterten Frau zur Verfügung durchaus nicht hergegeben, sondern nur angeführt und in Aussicht gestellt finden. Ausserdem wurde die eheliche Verbindung mit der ausdrücklichen Bestimmung eingegangen, dass, wenn sie von mir keine Kinder bekommen und vor mir aus dem Leben gegangen sein würde, die ganze Mitgift ihren beiden Söhnen, dem Pontianus und dem Pudens verbleiben sollte; wenn aber ein männlicher oder weiblicher überlebender Nachkomme mit Tod abgehen würde, dann sollte die Hälfte der Mitgift dem Spätergeborenen aus zweiter Ehe, das Uebrige den Aelteren aus erster Ehe zufallen.

92. Diese meine Behauptung will ich durch die Documente selbst nachweisen. Sollte es Zufall gewesen sein, oder glaubt das wohl Aemilianus nicht einmal, dass alle 300,000 Sesterzien schriftlich festgesetzt und deren Zurückforderung den Söhnen der Pudentilla nach Uebereinkunft eingeräumt wurde? Nimm, wenn Du willst, mit eigenen Händen diese Documente, gieb sie Deinem Anstifter Rufinus, er mag sie lesen. Er schäme sich seines frechen Uebermuthes und seiner eitlen Bettelarmuth, da er selbst ein armer Teufel, von allem entblösst, die Tochter mit 400,000 Sesterzien vom Gläubiger in Empfang genommen und ausgestattet hat. Pudentilla die wohlhabende Frau war mit 300,000 Sesterzien Mitgift zufrieden. Dafür besitzt sie nicht nur einen Gatten, sondern auch einen, der mehrmals soviele und grosse Heirathsgüter verschmähte und mit dem geringen Schein einer so bescheidenen Mitgift zufrieden gestellt war, übrigens ausser seiner Gattin nichts in Anrechnung brachte und den ganzen Hausrath und alle Schätze zusammen auf eheliche Gatteneintracht und zärtliche Liebe setzte. Indess würde irgend Einer unter Allen, auch von noch so geringer Lebenserfahrung, es wagen können zu missbilligen, wenn eine verwittwete Frau von mässigem Aussehen, aber nicht unerheblichem Alter, mit der Absicht zu heirathen, durch ansehnliche Mitgift und durch glimpfliche Bedingung einen Jüngling anlockte, der weder wegen seines Aeusseren, noch seines Geistes halber, noch seines Vermögens wegen zu verachten wäre? Eine wohlgestaltete Jungfrau, wenn sie auch arm ist, gilt doch immer für sehr reich ausgestattet, weil sie dem neuvermählten Gatten unverdorbenes Gemüth, Reinheit der Seele, Liebreiz der Schönheit, Vollkraft der Jugendzier zubringt. Die Empfehlung der Jungfräulichkeit ist nach Recht und Billigkeit allen Ehegatten eine höchst willkommene Gabe. Denn alles, was Du weiter als Heirathsguth empfingst, kannst Du, wenn es Dir beliebt, um nicht durch Wohlthat verpflichtet zu sein, wie Du es empfingst, wieder zurückerstatten, Du kannst das Geld zurückzahlen, die Dienerschaft entlassen, vom Hause fortziehen, dem Güterbesitz entsagen. Allein nur die ein Mal verlorene Unschuld lässt sich nicht zurückerstatten, sie allein verbleibt von der ganzen Brautschaft bei dem Gemahl. Eine Wittwe geht durch Ehescheidung gerade so wieder fort, wie sie bei der Verheirathung kam, sie bringt nichts in die Ehe, was nicht zurück verlangt werden könnte, aber sie kommt als eine schon von einem Andern der Blüthe der Unschuld beraubte; wenigstens Dir bezüglich Deines Begehrens keineswegs willfährig, das neue Haus nicht weniger beargwohnend, als sie selbst schon wegen einer Ehescheidung beargwohnt ist. Mag jene nun den Gemahl durch den Tod verloren haben, gilt sie als ein Weib von ungünstiger Vorbedeutung und unglücklichen Ehebundes, am allerwenigsten begehrenswerth; oder mag sie verstossen von ihm gegangen sein, wie eine Frau die eine Schuld von zwei Trennungs-ursachen trifft, weil sie entweder wegen Unausstehlichkeit vom Mann verstossen wurde, oder der Gatte sie wegen ihrer übermüthigen Anmassung verstiess. Aus solchen und andern Rücksichten reizen Wittwen mit reichlicher Mitgift die Freier an. Das würde Pudentilla sich auch bei einem andern Manne haben beikommen lassen, hätte sie nicht einen Philosophen gefunden, der die Mitgift verachtete.

93. Wohlan denn, wenn ich nun aus Habsucht die Frau begehrt hätte, was wäre nun vortheilhafter gewesen, um mich in den Besitz von all ihrem Hab und Gut zu setzen, als Zerwürfniss zwischen der Mutter und den Söhnen zu säen? Aus ihrem Herzen die Liebe zu ihren Söhnen zu verdrängen, weil ich dann die entfremdete und von den Ihrigen nun verlassene Gemahlin sicherer und unumschränkter in meine Gewalt bekommen hätte? Wäre das nicht Strassenräuberhandwerk von mir gewesen, wie Ihr mich hinstellen wollt? Ich vielmehr als Stifter der Friedfertigkeit, als Vermittler der Eintracht, als Begünstiger kindlichen Pflichtgefühls, vermehrte nicht nur nicht die neue Saat des Hasses, sondern rottete die alte Zwietracht gründlich aus. Ich redete meiner Frau zu, deren ungeheure Schätze, wie sie behaupten, ich ihr schon durchgebracht, ich redete ihr zu, sage ich, und endlich überredete ich sie, dass sie ihren Söhnen das zurückverlangte Geld, worüber ich schon oben gesprochen hatte, ohne Verzug wiedererstatten möchte in wohlfeil abgeschätzten Grundstücken und wie hoch sie dieselben nach eigner Abschätzung wollten. Ausserdem machte sie ihnen von ihrem Vermögen die einträglichsten Ländereien zum Geschenk, das geräumige, kostbar geschmückte Haus und die grosse Menge von Weizen, Gerste, Wein und Oel; dann verschenkte sie nicht weniger als 400 Sclaven, weiter an Kleinviehbestand weder weniger noch von niedrigem Preise, um diese von dem Theil, welchen sie ihnen bereits zugetheilt, ohne Sorge zufrieden zu stellen und in guter Hoffnung auf den übrigen Theil der Erbschaft zu ihrer Beruhigung freundliches Entgegenkommen zu zeigen. Alles das habe ich wider Willen der Pudentilla — sie möge mir gestatten den wahren Sachverhalt zu erwähnen — mit genauer Noth zu Wege gebracht und unter langen Bitten meiner Frau gegen ihren Willen und ihrem Gefühle des Zorns abgerungen. Ich söhnte die Söhne mit der Mutter wieder aus und bereicherte die Stiefsöhne zum ersten Gnadenbeweis ihres Stiefvaters mit einer höchst beträchtlichen Geldsumme.

94. Das ist in der ganzen Bürgerschaft bekannt. Alle haben den Rufinus verwünscht, mich mit lobender Anerkennung überschüttet. Bevor Pudentilla die Schenkung verwirklichte, kam Pontianus mit seinem ungleich gearteten jüngeren Bruder Pudens zu mir, fiel mir zu Füssen, erbat Verzeihung und Vergessen alles Vorgefallenen, küsste wiederholt unter Thränen meine Hände mit der Versicherung, dass er bittere Reue empfinde, weil er dem Rufinus und seinesgleichen ein williges Ohr geschenkt habe. Nachher bat er flehentlich, ihn bei dem erhabenen Consul Lollianus Avitus zu rechtfertigen, dem er von mir unlängst vor dem Auftreten als Redner empfohlen worden war, weil er erfahren, dass ich vor wenigen Tagen alle diese Vorkommnisse an Avitus berichtet hatte. Auch das erlangte er von mir. Also nach Empfang meines Briefes machte er sich auf den Weg nach Carthago, wo Lollianus Avitus nach beinahe vollendetem Amtsjahre seines Consulats Dich, Maximus, erwartete. Als dieser meinen Brief gelesen hatte, bezeugt er nach seiner grossen Leutseligkeit dem Pontianus seine Freude, dass er so schnell seinen Irrthum ausgeglichen habe und schreibt mir durch ihn zurück. Welch ein Brief, gute Götter, von welcher Gelehrsamkeit, von welcher Anmuth, von welcher Feinheit und Lieblichkeit im Ausdruck, ganz in der Art, wie „ein rechtschaffner Mann, der die Kunst zu reden versteht." Wohl weiss ich, dass Du, Maximus, seinen Brief gern wirst anhören wollen. Ich, sofern er durch mich zum Vortrag gelangen soll, werde ihn nun auch mit eigner Stimme zum Ausdruck bringen. Gieb also den Brief des Avitus her, damit er, der mir immer zur Ehre gereicht, nun auch noch zu meiner Rettung dienen soll. Aber Du magst das Wasser in der Wasseruhr rinnen lassen. Denn Ihr höchst wackeren Männer, ich würde den Brief dreimal und viermal selbst bei noch soviel Zeitverlust vorlesen [der Brief fehlt].

95. Ich weiss sehr wohl, dass ich nach Vorlesung dieses Briefes des Avitus hätte abschliessen müssen. Denn welchen glaubwürdigeren Lobredner, welchen unantastbareren Zeugen meines Lebens könnte ich vorführen, endlich welchen beredteren Rechtsanwalt? Während meines ganzen Lebens habe ich mit allem Fleisse beredte Männer unter den Römern kennen gelernt, aber auf gleiche Weise habe ich Niemanden bewundert. Heute giebt es nach meiner unmassgeblichen Meinung niemand von einiger Aussicht auf Anerkennung und Lob, dass er nicht weit lieber Avitus sein möchte, wenn er sich nach Entfernung alles Neides mit ihm vergleichen will. Denn beinahe alle die verschiedenen Gaben der Beredtsamkeit vereinigen sich in diesem Manne harmonisch. Welche Gattung der Darstellungsweise Avitus auch immer zum Ausdruck braucht, so wird sie allseitig in ihrer Art von vollständiger Vollendung ausfallen, so dass darin weder ein Cato den sittlichen Ernst vermisst, noch ein Lollius die Sanftheit, noch ein Gracchus das Ungestüm, noch ein Cäsar die Gluth, noch ein Hortensius die Gliederung, noch ein Calvus den Scharfsinn, noch die Knappheit ein Sallust, noch die Fülle ein Cicero. Geradezu sage ich, um nicht alle Eigenschaften durchzugehen, wenn man den Avitus hört, wünscht man weder etwas hinzugefügt, noch etwas weggenommen, oder gar noch etwas abgeändert. Ich sehe, Maximus, wie wohlwollend Du anhörst, was die Erinnerung an Deinen Freund Avitus auffrischt. Deine Huld ermunterte mich, dass ich dies, obgleich es nur wenig ist, über ihn sagen musste. Aber ich will nicht zu lange Dein Wohlwollen auf die Probe stellen, dass ich mir gestatte, vor dem beinahe schon Erschöpften in dieser gänzlich zum Ende sich neigenden Prozesssache über die ausgezeichneten Eigenschaften Jenes anzufangen, was ich mir vielmehr für ungeschwächte Kräfte und für freiere Zeit zu schildern aufsparen muss.

96. Denn nun muss ich, was nur mit innerem Widerwillen geschieht, von der Erinnerung jenes grossen Mannes in meiner Rede zu diesem Pestauswurf zurückkehren. Wagst Du, Aemilianus, Dich also mit dem Avitus zu vergleichen? Und den, welchen dieser Avitus einen rechtschaffenen Mann nennt und dessen geistig klarer Einsicht er in diesem Brief so volles Lob ertheilt, diesen Mann verunglimpfst Du durch Beschuldigung der Zauberei und Hexerei? Oder, dass ich in das Haus der Pudentilla eingedrungen, um ihr Vermögen auszuplündern, musstest Du das mehr bedauern, als es Pontianus hätte bedauern müssen, der wegen einer freilich auf Euern Antrieb zugezogenen Feindschaft von nur wenigen Tagen mir auch in der Abwesenheit vor dem Avitus abbat und mir vor einem so ausgezeichneten Mann seinen Dank ausdrückte? Nimm an, ich hätte die Berichte von dem, was bei Avitus vorging, und nicht seinen Brief gelesen. Wie? könntest Du wohl solche Lappalien in dieser Angelegenheit als Anklagepunkt verwerthen? Pontianus schrieb, was er von seiner Mutter geschenkt erhalten hatte, meiner Freigebigkeit auf Rechnung. Pontianus wurde von innerstem Freudengefühl ergriffen, dass ich zufällig sein Stiefvater wurde. Wäre er doch wohlbehalten aus Carthago zurückgekehrt! Oder weil es ihm so vom Schicksal bestimmt war, wenn Du, Rufinus, doch nicht seine letzte Willensmeinung verhindert hättest, mir entweder in meiner Gegenwart persönlich, oder endlich in seinem Testament seine Dankesgefühle auszudrücken. Die Briefe jedoch, die er an mich von Carthago aus, oder schon auf der Heimreise begriffen vorausschickte, einen, den er noch wohl und gesund, und einen anderen, den er bereits leidend schrieb, voll vom Ausdruck der Achtung, voll von Ausdrücken der Liebe und Zärtlichkeit, aus diesen Briefen, bitte ich, Maximus, lasse ein wenig vorlesen, damit der Bruder Pudens, mein Ankläger, erfahre, wie wenig er überhaupt auf dem Geleise geistiger Rennbahn mit seinem Bruder, einem Manne besten Andenkens, Schritt halten kann [Brief des Pontianus].

97. Hast Du denn die Schmeichelnamen gehört, die mir Dein Bruder Pontianus vor seinem Tode beigelegt hat, indem er mich seinen Vater, mich seinen Herrn, mich seinen Lehrer, theils oft anderweit, theils in der letzten Zeit seines Lebens nannte? Ich könnte auch gleichlautende Briefe von Dir zur Stelle schaffen und würde sie bringen, wenn ich auch die kleinste Verzögerung der Untersuchung so hoch veranschlagen könnte. Ich hätte es vielmehr wünschenswerth gefunden, jenes neue, letzte Testament Deines Bruders wäre zur Stelle geschafft und vorgezeigt worden, worin er meiner pflichtschuldigst und rühmlichst gedenkt. Dieses Testament zeigt jedoch Rufinus weder vor, noch liess er es vollenden, aus Scham über den Verlust der Erbschaft, welche er vor wenigen Monaten, während er Schwiegervater des Pontianus war, als grosse Belohnung für (genossene) Nächte zusammengerechnet hat. Ausserdem weiss ich nicht, welche Wahrsager er um Rath gefragt hatte, um welchen Preis er wohl seine Tochter vortheilhaft anbrächte. Diese sollen, wie ich höre — o, dass ihr Ausspruch nicht wahr geworden wäre — gewahrsagt haben, dass ihr erster Mann in wenig Monaten sterben werde; alles Uebrige die Erbschaft betreffende, wie es ihre Gewohnheit ist, dichteten sie nach Wunsch des Fragenden hinzu. Aber, nach der Götter Willen, wie ein blindes Vieh sparte er seine Rache umsonst zwecklos auf. Denn Pontianus setzte die der Schlechtigkeit überführte Tochter des Rufinus nicht nur nicht als Erbin ein, sondern bedachte sie nicht einmal mit einem anständigen Vermächtniss, da er ihr zur Schmach das Leinzeug, im Werth von ungefähr 200 Denaren zuschreiben liess, damit erhellen sollte, dass er sie im Zorn nicht als seine Erbin betrachtet wissen wollte und nicht etwa aus Vergesslichkeit übergangen hätte. Er setzte aber als Erbe in seinem letzten, wie in seinem früheren

Testamente, dessen Vortrag erfolgt ist, die Mutter mit seinem Bruder ein; dem aber, der, wie Du siehst, ganz noch Knabe ist, dem rückt Rufinus mit dem Bollwerk von einer Tochter auf den Leib und dieses ziemlich viel ältere Weib, ganz vor Kurzem noch Gattin seines Bruders, giebt er dem bejammernswerthen Knaben preis und dringt sie ihm auf.

98. Aber jener wurde durch die Liebkosungen des jungen Hurenweibchens und durch die Lockmittel des alten Kuppelvaters eingenommen und umstrickt und verliess hierauf, sowie der Bruder seinen Geist ausgehaucht hatte, die Mutter und zog zu seinem Oheim, um dann um so leichter nach unserer Beseitigung das begonnene Werk zu zu Ende bringen. Aemilian ist dem Rufinus gewogen und wünscht glücklichen Fortgang. [Bewegung.] Sieh da, ehem! Ihr erinnert mich zu rechter Zeit. Auch seine Hoffnung pflegt und hegt der brave Oheim mit mässiger Zurückhaltung in jenem Vetter, da er weiss, dass er von einem jungen Mann, der vor seinem Tode kein Testament gemacht, formell mehr als nächster Verwandter, denn als gesetzmässiger Erbe nach dem letzten Willen des Erblassers bestimmt kann werden. Ich wollte nicht, dass diese Darlegung aus meinem Munde gekommen wäre! Es stimmt nicht gut zu meiner Mässigung, die stillen Verdachtsgründe Aller ohne Rückhalt frei und offen vorzubringen und vom Zaune zu brechen. Wehe Euch, die Ihr mir das [aus dem Auditorium zugeflüstert] unter die Hand gegeben! Wenn·Du die volle Wahrheit erfahren willst, so wundern sich Viele geradezu über diese plötzliche Zärtlichkeit zu diesem Knaben, nachdem sein älterer Bruder Pontianus gestorben ist, da Du vorher jenem so unbekannt gewesen bist, dass Du oft nicht einmal bei einer Begegnung den Sohn Deines Bruders (Sicinius Amicus) dem Ansehen nach erkanntest. Aber jetzt beweisest Du Dich ihm geduldig und so verdirbst Du ihn durch Nachsicht, Du leistest ihm sogar in keiner Hinsicht Widerstand, so dass Du durch dieses Benehmen den Glauben für noch grösseren Verdacht erweckst. Unverdorben empfingst Du ihn aus unseren Händen, verbuhlt hast Du ihn sofort zurückgegeben. Als er noch von uns geleitet wurde, besuchte er fleissig die Lehrstunden: jetzt eilt er in grosser Eiligkeit zur Kneipe; ernste Freunde vernachlässigt er, mit den verrufensten Bürschchen feiert der Knabe unter verbuhlten liederlichen Weibsbildern, Huren und Bechern die Gelage des verdorbenen Zeitalters. Er selbst ist der Lenker Deines Hauses, er selbst der Herr des Hausherrn, er selbst ist Zechmeister beim Gelage. Auch im Fechterspiel wird er häufig gesehen, er kennt die Namen der Fechter und lernt die Kampfarten und die Hiebe und wird geradezu wie ein achtbarer und gelehriger Schüler von dem Abrichter selbst unterrichtet. Er macht nie den Mund auf, spricht nur punisch, und wenn er einige griechische Brocken hervorbringt, hat er sie von seiner Mutter gelernt, denn lateinisch sprechen will er weder, noch kann er es. Hast Du, Maximus, kurz vorher, o unerhörte Greuel! meinen Stiefsohn, den Bruder des Pontianus, jenes wohlsprechenden jungen Mannes gehört, wie er die einzelnen Silben kaum hervorstotterte, als Du von ihm erfragtest, ob die Mutter jenem das geschenkt habe, von dem ich sagte, dass sie es auf meine Bemühungen hin geschenkt habe?

99. Ich rufe Dich, Claudius Maximus, als Zeugen an und Euch, Ihr Gerichtsbeisitzer, und auch Euch, die Ihr mit mir hier vor Gericht steht, die Schäden und Schandflecken dieses jungen Mannes müssen seinem Oheim und jenem, der sich um die Schwiegervaterschaft bekümmert, zugeschrieben werden, und ich werde es künftig nicht gutheissen können, dass ein solcher Stiefsohn das Joch meiner Vormundschaft vom Nacken abgeschüttelt hat, und es wird mir nicht beikommen, bei seiner Mutter später für ihn flehentlich zu bitten. Denn was ich beinahe vergessen hätte, als vor ganz kurzer Zeit Pudentilla nach dem Tode ihres Sohnes Pontianus in einem Anfall von Uebelbefinden ihr Testament aufsetzte, habe ich mich lange gegen sie gestemmt, dass sie diesen jüngeren Sohn wegen der vielen auffallenden, ihr von ihm zugefügten Ehrenkränkungen, wegen der vielen durch ihn erlittenen Unbilden, nicht enterben möchte. Gott weiss es, mit dringenden Bitten habe ich sie um Aufhebung der Schrift gebeten. Endlich drohte ich, mich wieder von ihr scheiden zu lassen, wofern ich meinen Willen nicht durchsetzte, indem sie das bereits vollständig niedergeschriebene Testament nicht auf meine Bitten wieder aufhob. Ich bat, mir die Gefälligkeit zugestehen zu wollen, den übelgerathenen Sohn durch Wohlthun umzustimmen, mich von jeder bösen Nachrede zu befreien, und ich liess nicht eher ab, bis sie nachgab. Ich bedaure, dem Aemilian diesen Zweifel benommen und so tröstliche Aussicht öffentlich bekannt gegeben zu haben. Sieh' nun, ich bitte, Maximus, wie er, nachdem er dies erfahren, plötzlich verstimmt ist und die Augen zur Erde niedergeschlagen hat, denn er meinte, dass die Angelegenheit ganz anders ablaufen würde, und das nicht mit Unrecht. Mein Weib war, wie er wohl wusste, durch die schweren Beleidigungen von ihrem Sohn aufgebracht, und glaubte durch die Liebesbeweise von meiner Seite sich mir verpflichtet. Auch meinerseits meinte er Ursache zu haben, sich vor mir zu fürchten. Wer würde in ähnlichem Falle wie ich, zwar auf die Erbschaft verzichtet, doch nicht von der Hand gewiesen haben, sich an dem so lieblosen Stiefsohn zu rächen? Diese Besorgniss vorzüglich war es, die diese Wichte zur Anklage meiner Person antrieb. Sie vermutheten fälschlicher Weise nach ihrer eigenen Habgier, die ganze Verlassenschaft sei mir anheimgefallen. Ich erlöse Euch auch künftig von dieser Furcht. Denn meine grundsätzliche Gesinnungsart konnte weder die Gelegenheit zur Erbschaft, noch die zur Rache von diesem Standpunkte abdrängen. Ich lag im Widerstreit mit meiner Frau als der erzürnten Mutter, als Stiefvater für den entarteten Stiefsohn, wie ein rechter Vater für den besten Sohn gegen seine Stiefmutter. Und nicht genug war es, wenn ich nicht mehr als billig der unbegrenzten Freigebigkeit meiner guten Gattin hätte Einhalt thun wollen.

100. Reiche Du das Testament für den schon mit seiner Mutter zerfallenen Sohn her, das von ihr aufgesetzt wurde, wobei ich, den diese Erbschleicher einen Räuber nennen, jedes einzelne Wort unter Bitten ihr vorsagte. Lasse die Erbschaftsdocumente öffnen, Maximus, Du wirst den Sohn als Erben aufgezeichnet finden, für mich aber wirst Du, ich weiss nicht, was ich sagen soll, Ehren halber, oder aus besonderer Rücksicht ein unbeträchtliches Legat aufgesetzt finden, nur damit, wenn ihr etwas Menschliches begegnen sollte, der Name Gatte in dem Testament der Ehefrau nicht ausgelassen sein sollte. Nimm das Verlassenschaftsdocument Deiner Mutter, in der That dieses eigentlich lieblose Schriftstück. Etwa nicht lieblos? Da sie darin den ihr ergebensten Gatten enterbte, den pflichtvergessensten Sohn als Erben eintragen liess, nein, in der That, nicht den eigenen Sohn, sondern die Hoffnung des Aemilian, die Ehestandsabsichten des Rufinus, also jene Bande von Säufern und Schmarotzern. Lass Dir rathen, sage ich, biederstes Früchtchen von einem Sohne, und nachdem Du ein Weilchen Deiner Mutter Briefe von verliebtem Inhalt bei Seite gelegt hast, lies vielmehr erst das Testament; wenn sie irgend etwas gleichsam ohne Verstand und Ueberlegung schrieb, hier wirst Du es ermitteln und zwar gleich zu Anfang. „Mein Sohn Sicinius Pudens soll mein Erbe sein!" Ich gestehe, wer dies liest, wird sie sicher für verstandeslos halten müssen. Dieser Sohn da ist also der Erbe, der Dich bei der Beerdigung seines Bruders durch Zusammenrottung der grundverdorbensten Bande junger Leute, Dich aus dem ihm von Dir selbst erst geschenkten Hause entfernen wollte, der Dich, die ihm vom Bruder als Miterbin hinterlassen war, nur mit Verdruss und Widerwillen duldete. Der Dich alsbald mit Deiner Trauer und Wehmuth kalt und herzlos im Stiche liess und von Deiner Mutterbrust zum Rufinus und Aemilian flüchtete, der Dir darauf in eignor Person die abscheulichsten Beleidigungen sagte in Gegenwart und unter Beistand des Oheims, der Deinen guten Namen vor dieser Gerichtsversammlung antastete, der den Ruf Deiner Keuschheit durch Deine eigenen Briefe öffentlich zu verunehren wagte, der den von Dir gewählten Gatten, den Du, wie sein eigner Vorwurf lautete, heftig liebtest, auf Leib und Leben anklagte. Oeffne, guter Junge, öffne das Testament, so wirst Du ohne viel Schwierigkeit die Unvernunft Deiner Mutter klar zu beweisen vermögen. Was, Du weigerst Dich? Du lehnst es ab? Ja, nachdem Dir die Angst vor dem Verlust der mütterlichen Erbschaft benommen ist.

101. Aber ich lege Dir, Maximus, das Document an dieser Stelle ehrfurchtsvoll vor Deine Füsse hin und rufe Dich als Zeugen an, dass ich mich ziemlich gleichgültig verhalten werde, was für Bestimmungen Pudentilla in ihrem Testament treffen wird. Der junge Mensch kann ja seine Mutter auch noch um den Rest bitten, aber dass ich für ihn noch ein gutes Wort einlegen sollte, das hat er mir unmöglich gemacht. Mag er nun der Mutter als selbständiger Mann die boshaftesten Briefe selbst zudictiren und ihren Zorn darüber mildern; wer eine Rede halten kann, der möge auch eine Bitte vorbringen können.

Ich fühle mich schon lange zufriedengestellt, wenn ich nicht nur die mir vorgeworfene Anklage vollgültig entkräftet, sondern auch den Ursprung und Ausgangspunkt dieses Prozesses, d. h. den Verdacht erstrebter Erbschleicherei gründlich aus dem Wege geräumt habe. Auch jenen letzten, mir ungerechterweise gemachten Vorwurf will ich, damit ich im Allgemeinen nichts unberührt lasse, bevor ich meine Vertheidigung schliesse, noch widerlegen. Ihr habt gesagt, ich hätte meiner Frau mit einer grossen Geldsumme ein wunderschönes Grundsstück in meinem Namen gekauft. Ich dagegen sage, dass es ein kleines Erbgütchen für 60,000 Sesterzien war, welches nicht ich, sondern Pudentilla in ihrem Namen gekauft hat. Der Name der Pudentilla befindet sich in den Vertragsurkunden. Im Namen der Pudentilla habe ich für dieses Gütchen die Steuerabgabe entrichtet. Hier ist der öffentliche Schatzmeister zugegen, welcher die Bezahlung entgegengenommen hat Corvinus Celer,*) ein hochansehnlicher Mann. Zeuge ist des Pudens Curator, meiner Frau bevollmächtigter Vertreter, der ehrwürdigste und unbescholtenste Mann, den ich mit grösster Hochachtung erwähnen muss, Cassius Longinus. Frage, Maximus, wessen Kaufvollstrecker er gewesen ist, um welchen geringen Preis meine wohlhabende Frau ihr bescheidenes Gütchen erhandelt hat [Zeugnissaussage des Vormundes Cassius Longinus und des Corvinus Clemens]. Verhält es sich so, wie ich sagte? Ist irgendwo bei diesem Kaufvertrag mein Name eingetragen? Ist nicht selbst der (niedrige) Preis dieses Erbgütchens Gegenstand des Neides? Ist denn auch dies wenigstens auf meinen Namen eingetragen?

102. Was giebt es noch für eine Beschuldigung, Aemilianus, die ich nach Deinem Dafürhalten nicht widerlegt habe? Welchen Lohn oder Vortheil hast Du aus meiner Hexenkunst herausgefunden? Warum soll ich Herz und Sinn der Pudentilla durch meine Behexung erweicht haben? Was meinst Du wohl, welchen Vortheil ich von ihr errang? Dass sie mir vielmehr eine unbedeutende Mitgift statt einer ansehnlichen zusagte? O über diese herrlichen Zaubersprüche! Oder war es ein Unrecht, dass ich dieses Heirathsgut

---

*) Weiter unten Corvinus Clemens genannt.

lieber ihren Söhnen zusprechen, als mein Eigenthum bleiben liess? Was kann zu solcher Zauberkunst noch hinzugefügt werden? Oder dass sie ihr Vermögen auf mein Zureden grösstentheils ihren Söhnen zusprach, da sie jenen, bevor ich ihr Gatte war, nichts gespendet hatte, dass sie aber mir nicht das Geringste schenkte? O was soll ich sagen über solche grause Missethat, oder vielmehr über solche unverdiente Wohlthat? Oder galt es, dass sie in ihrem Testamente, welches sie noch im vollen Zorn gegen den ungerathenen Sohn niederschrieb, vielmehr diesen Sohn, dem sie feindlich gesinnt sein musste, als mich, dem sie zu Dank verbunden war, als Erben hinterliess? Dies also habe ich nämlich unter erschwerenden Umständen durch meine Zaubersprüche durchzusetzen vermocht. Stellt Euch vor, dass Ihr diesen Prozess nicht vor dem Claudius Maximus, diesem gerechten, billigen und in der Gerechtigkeit beharrlichen Mann, führtet, sondern irgend einen niederen, verworfenen und grausamen Richter an seiner Stelle sitzen sähet, einen Beschützer der Angeberei, der gierig auf Verurtheilung wäre; schafft ihm zur Stelle, worauf er erpicht ist, gebt ihm einen noch so geringen, wahrscheinlichen Anhaltspunkt an die Hand, Euren Absichten gemäss das Urtheil zu fällen; wenigstens ersinnt Euch, denkt Euch irgend etwas aus, was Ihr ihm, der Euch so gefragt haben würde, entsprechend antwortet! Und weil jeder Unternehmung nothwendiger Weise ein gewisser Beweggrund voraus gehen muss, so antwortet, die Ihr sagt, dass Apulejus das Herz der Pudentilla durch Lockmittel der Zauberei leidenschaftlich bestürmt habe, was erbat er sich von ihr? Warum that er das? War es auf ihre Schönheit abgesehen? Ihr verneint es. Wenigstens hat er Reichthum begehrt? Das verneint die Mitgiftsurkunde, das läugnen die Schenkungspacte, das läugnen die Nachlassdocumente, worin sich klar herausstellt, dass ich nicht nur nichts leidenschaftlich begehrte, sondern auch die Freigebigkeit meiner Frau mit aller Strenge abwies. Welch wahre Ursache liegt also zu Grunde? Warum verstummt Ihr? Warum schweigt Ihr? Woher der grimmige Anfang Eurer im Namen meines Stiefsohnes verfassten Anklageschrift? Wo es heisst:

103. „Diesen hier, gewaltiger Maximus, habe ich mir vorgenommen, als Beklagten vor Deinen Richterstuhl zu fordern." Fügst Du nicht auch also dazu: als Beklagten meinen Lehrer, als Beklagten meinen Stiefvater, als Beklagten meinen Fürbitter? Wie fährst Du dann weiter fort: „Schuldig einer Menge von Uebelthaten und zwar der offenbarsten." Nenne nur eine von den unendlich vielen! Nenne nur eine zweifelhafte oder wenigstens eine versteckte von den höchst offenbaren. Zähle nach, ob ich Dir auf alle Deine Vorwürfe mit kaum zwei Worten zu antworten vermag: Du wirfst mir vor: „glänzende Zähne," halte sie meinem Reinlichkeitsbestreben zu gut; „Du siehst den Spiegel an," das ist des Philosophen

Pflicht! „Du machst Verse," das darf geschehen; „Du zerlegst Fische," Aristoteles lehrt es; „Du verfertigst Holzgötter," Plato räth es an; „Du nimmst ein Weib," die Gesetze befehlen es; „Du bist später geboren (als die Frau)," das kommt vor; „Du trachtest nach Gewinn," nimm die Ehepacte, erinnere dich der Schenkung, lies das Testament. Wenn ich alle diese Angriffe hinlänglich zurückgewiesen, alle diese Verläumdungen widerlegt habe, wenn ich mich nicht nur bei allen diesen Beleidigungen, sondern auch bei Verläumdungen fern von der Versündigung an der Philosophie gedeckt habe, wenn ich das Ansehen der Philosophie, das mir wichtiger ist als eigene Wohlfahrt, niemals herabsetzte, nein im Gegentheil, wenn ich es überall umhegt und in Ehren gehalten habe — wenn sich das Gesagte also verhält, kann ich mit ruhigem Gewissen mehr Deiner gerechten Entscheidung entgegensehen, als ich Deine Gewalt zu fürchten brauche, weil ich es weniger peinlich und beschämend erachte, von dem Proconsul verurtheilt zu werden, als von einem so ausserordentlich rechtlichen und so untadelhaften Mann Missbilligung zu erfahren. Ich habe gesprochen.